Ai miei figli, Francesco Pio e Nicolas,
che possano vivere con meraviglia e gioia ogni giorno
e crescere consapevoli di quanto la vita sia sempre
pronta a stupirli...

narratóri
rogiosi

stampa
tuccillo arti grafiche

prima edizione: agosto 2021
ISBN 978-88-6950-470-9

stampato in italia

MANILA NAZZARO

CINTURA ROSA DI SOPRAVVIVENZA

narratóri
rogiosi

INDICE

Riavvolgendo il nastro

Eccomi qui, a fare ciò che mi è sempre stato difficile, complicato: raccontarmi e raccontare la mia vita privata e i sogni, le speranze, le luci, i sorrisi, ma anche il buio, la solitudine, le lacrime, anche la disperazione, a tratti, come solo noi donne sappiamo viverla.

Tutto questo attraverso i volti, gli occhi e i cuori delle persone che ho incrociato nel mio percorso fin qui. Un percorso che ho scoperto essere simile e, in alcuni casi, uguale a quello di tantissime altre donne, che in questo libro sono con me, la cui voce è la mia, la cui vita è come la mia. Per questo motivo ciò che era così complicato, quasi doloroso per me, raccontare, diventa all'improvviso una delle esperienze più preziose che la vita mi abbia donato. Una sorta di terapia che, come ha fatto bene a me, così spero faccia bene alle tantissime donne che hanno vissuto esattamente ciò che ho vissuto io.

Questo coraggio e questa forza arrivano dopo un anno difficilissimo per tutta l'umanità: stiamo vivendo da tanto tempo un'esperienza estrema e surreale, una pandemia mondiale, che purtroppo non è un film di fantascienza ma vita vera. Una vita che, forse, non tornerà mai più come prima.

Dolore, morte e insicurezze di ogni genere: cose che avevamo solo letto nei libri di storia e che di colpo sono diventati realtà e vita quotidiana.

Fortunatamente, e nonostante tutto, per me è stato un anno incredibile, pieno di certezze, rivelazioni e progetti. Non sono mancati i dolori e le lacrime, ci mancherebbe, ma non sono stata sola.

Per la prima volta con me c'era l'amore che non mi ha abbandonato. E c'erano la stima e l'affetto di centinaia di donne che in me si sono riconosciute e io in loro, in maniera così intensa che quel famoso *girl power* di cui spesso si sente parlare l'ho avvertito sulla mia pelle e nel mio cuore. Sono qui a scrivere con un preciso scopo: cercare di ricambiare tutto l'affetto e il sostegno ricevuto, così che possa non far sentire sola nessuna donna.

Questo racconto sarà anche un viaggio indietro nel tempo, nel mio passato e sono certa che vi strapperà anche qualche sorriso, perché da quando nel 1999 vinsi il titolo di Miss Italia, non ho mai raccontato nulla di quell'anno incredibile, una sorta di centrifuga, per una ragazza poco più che ventenne, che dalla piccola cittadina di Foggia viene convinta a provare a entrare nel mondo dello spettacolo, sognato sin da piccola, tentando la carta di un paio di occhi chiarissimi e gambe lunghe. Ma in realtà, a parte i miei genitori, pochi erano a conoscenza di una testa tostissima, di una determinazione e di un amor proprio che mi avrebbero da lì in avanti dato la forza di non mollare mai, anche quando il buio sarebbe sceso sulla mia vita.

Quando il concorso di Miss Italia bussò alla mia porta, io ero una normalissima ragazza (in realtà, di normale, in senso ironico, avevo già ben poco, perché la razionalità si è sempre fusa con un pizzico di stravaganza) e frequentavo la Facoltà di Medicina e Chirurgia a Chieti. Ho sempre avuto una passione immensa per questa materia, sognavo di diventare dottoressa un giorno, forse cardiologa, tanto che a scuola (frequentavo il liceo scientifico) ero una cosiddetta "secchiona", sempre preparata e attenta. Ecco un lato del mio carattere: ho sempre paura di deludere chi si fida di me (nel caso della scuola, i miei genitori, ovviamente); e il desiderio di essere sempre all'altezza della circostanza, piuttosto che delle persone che mi circondano, mi ha sempre spinto a impegnarmi al massimo in ogni cosa. E questo discorso si può tranquillamente traslare in ogni campo: famiglia, vita sociale e lavoro.

Vengo da una semplice e umile famiglia. Mio papà ha sempre lavorato in banca, mentre la mia mamma ha dedicato la sua vita alla sua famiglia e a me e mio fratello Giovanni. Sono cresciuta in una famiglia dove si è respirato sempre amore, rispetto, ma anche impegno e severità, quest'ultima soprattutto nei miei confronti. I miei genitori, pilastri della mia esistenza, e poi, anche di quella dei miei bimbi, mi hanno insegnato il rigore nel comportamento e quel pizzico di pudore che contraddistingue le donne del Sud. Ho sicuramente ricevuto un'educazione molto rigida e sono cresciuta amando le mie origini, la mia terra e probabilmente con quel fardello così pesante che appartiene ancora solo a noi donne che la famiglia si sceglie sempre e per prima, che non bisogna fallire come madre e come moglie, perché nel caso in cui accada, riuscire a ricominciare è troppo difficile. Appunto... ma accade e, a volte, ricominciare, per quanto difficile, può essere ancora più bello. Ma a questo ci sono arrivata molti anni dopo e da sola.

Anche arrivare a partecipare a un concorso di bellezza è stata una sorta di vittoria per una ragazza come me, affetta da una forma di strabismo, curata indossando una benda all'occhio destro per anni, dai dieci ai sedici anni, durante i quali il complimento "più bello" che ho ricevuto fu "Capitan Harlock". Sembra impensabile guardando ciò che negli anni successivi è accaduto, eppure non ho mai considerato il mio aspetto esteriore un punto di forza, anche a causa di questa adolescenza un po' travagliata come tutte (occhio strabico, denti molto irregolari, qualche chilo in più e quell'altezza così esagerata per una ragazza, ma anche a causa delle regole rigide imposte dai miei genitori che mi lasciavano ben poco libera rispetto alle mie coetanee). Anzi, era ed è sempre stato il mio carattere la mia ancora di salvataggio in ogni circostanza, anche adesso che ho un rapporto decisamente sereno con il mio corpo, nonostante le mille imperfezioni.

Eppure, è come se il concorso di Miss Italia mi avesse rincorso. In quel periodo conobbi il mio primo vero fidanzatino. Ero all'università e lui, Giovanni, era un mio collega di corso. Ricordo che per far colpo su di me quasi ruppe, prendendola a calci, la macchinetta delle bevande che mi aveva preso le monete senza avermi servito un caffè. Lui, se possibile, era ancora più bravo di me negli studi, un'intelligenza straordinaria, tanto che ora è un affermato neurochirurgo. La sua vicinanza mi fece molto bene: era uno stimolo continuo per i miei studi. Eravamo accomunati dalla passione per la Medicina.

Pensando alla mia vita, mi rendo conto di aver sempre scelto persone positive accanto a me, a prescindere da quello che poi il futuro avrebbe disegnato. Persone che avevo la certezza sarebbero state uno sprono e non un ostacolo. L'amor proprio che i miei genitori mi hanno insegnato ad avere è forse l'unica cosa che non ho mai tradito e in nome del quale ho preso decisioni forti e nette successivamente.

Quella con Giovanni è stata la mia prima vera storia d'amore, durata tre anni circa, fino a poco dopo l'incoronazione di Miss Italia. Anche se la mia prima cotta è avvenuta a Foggia, durante il liceo, per un ragazzo bellissimo, giocatore di basket (sport che ho praticato per molti anni), a cui sono ancora legata da una sincera amicizia. Ma purtroppo ho un difetto: non riesco mai a chiudere le mie storie pacificamente. Mannaggia! E, pensandoci, ho sempre lasciato io. Credo che lasciare faccia soffrire tanto quanto essere lasciati, con in più la necessità di un atto di coraggio. Solo dopo anni, infatti, ho ripreso i rapporti di amicizia con Giovanni, che soffrì molto quando lo lasciai poco dopo l'incoronazione. Ma molto probabilmente la nostra storia sarebbe comunque finita col tempo: eravamo giovani e alle prime esperienze... per me addirittura la prima vera storia con tutto ciò che ne deriva. Miss Italia accelerò semplicemente qualcosa che naturalmente sarebbe accaduto.

Per spiegarvi meglio quanto la mia vita pre concorso fosse diversa, aggiungo che per permettermi di studiare fuori sede i miei genitori mi fecero alloggiare per tutto il periodo universitario in un convento. Presi una stanza nel convento delle Suore Orsoline di Chieti Scalo dove, contrariamente a quanto si possa pensare, ho trascorso anni meravigliosi. Ho ricordi speciali: la rigidità delle suore negli orari di cena e di rientro la sera, che col tempo si sciolse per condividere con me e le mie coinquiline la gioia di un film assieme fino a tarda serata, le torte di mele cotte per festeggiare gli esami sostenuti piuttosto che i compleanni. Ricordo il sostegno delle suore quando confidai loro la mia voglia di partecipare a Miss Italia, la propaganda che fecero e i soldi spesi per il televoto che ancora adesso mi rinfacciano con stima e amore.

L'esperienza avuta nel convento delle Suore Orsoline è uno dei ricordi più belli della mia vita. Anche lì, in qualche modo, riuscii a trasformare la rigidità delle regole religiose in un patrimonio che porto con me nel cuore. Lì ho imparato che, per quanto difficile sia una rinuncia, c'è sempre un premio ancora più grande. Nella mia vita ho imparato a rinunciare a molte cose per premi molto più preziosi, che magari sul momento non vedevo. Ma il vero senso di questa frase l'ho capito solo dopo la nascita dei miei figli.

Se in quel periodo mi avessero chiesto «per cosa lasceresti gli studi di medicina?», avrei risposto, senza ombra di dubbio: «Per nessuno e niente!». Ma la vita è strana e col tempo ho capito che più cerchi di sfuggire a qualcosa, più questo qualcosa ti rincorre e raggiunge; che ciò a cui siamo destinati ti raggiunge prima o poi ed ecco che arriva un treno, forse il tuo unico treno o forse uno dei tanti treni su cui non puoi non salire. Perché la vita ti aggancia e tu non puoi non viverla. Ecco che, nonostante la mia totale dedizione agli studi, dopo tre anni dal primo tentativo di arrivare in finale a Miss Italia (nel 1996 tentai di partecipare la prima volta al concorso di bellezza più ambito d'Italia, arrivando in finale ma senza alcun riconoscimento), un fotografo, anzi il fotografo ufficiale di Miss Italia, Vanni Natola, mi incontra per strada a Foggia, dove ero tornata un paio di giorni per far visita ai miei genitori, e mi chiede di riprovarci. Mi chiede di tornare a sfilare per Miss Italia, perché ero pronta, ero matura e ancora più bella rispetto a tre anni prima. Il mio papà, molto contrariato all'inizio, mi guardò e disse: «Proviamoci!». Quel plurale mi spiazzò.

Nel 1996 i miei genitori non erano assolutamente d'accordo. Pensavano fosse un mondo sporco e pericoloso, quello di Miss Italia, tanto che la prima volta che partecipai a una selezione lo feci di nascosto. Ma volevo farlo, mi divertiva e, soprattutto, lo avevo fatto perché i miei genitori me lo vietavano categoricamente, senza tentare di capire. Questo un po' il loro limite nei mie iconfronti: io, la loro figlia femmina che, a differenza di mio fratello, guardavo oltre sempre. Oltre la mia cittadina che mi stava stretta già in quegli anni.

Così, quando nel 1999 partecipai nuovamente a Miss Italia, lo feci con il sostegno, la vicinanza, il tifo ma anche le critiche (sempre costruttive, a dir la verità) dei miei genitori. E sin da subito capii che c'era qualcosa di speciale attorno a me ogni volta che salivo su quella passerella. Giovanni, il mio fidanzatino, mi sosteneva ed era molto orgoglioso di me e quando gli fecero notare che poi tutte le Miss Italia mollavano i propri fidanzati poco dopo l'elezione, lui era certo che a noi non sarebbe successo. Ma è successo. Così, nel pieno dei miei studi, divisa tra ore in clinica e in laboratorio, nottate a studiare piegata sui libri, arrivò un vero tsunami.

Nella notte del 6 settembre 1999, Alberto Sordi mi incoronò Miss Italia.

In una notte, tutto ciò che era non sarebbe stato più, tutto ciò che avevo immaginato per me non sarebbe più stato in quel modo.

Quella notte non mi fu chiesto, ma imposto, di diventare immediatamente adulta.

Quella notte iniziò per me una nuova vita...

Miss Italia 1999 con Alberto Sordi

L’inizio del sogno

Miss Italia è stato per me un sogno, cercato per ben due volte.

Vi ho raccontato di come, in qualche modo, arrivò la prima volta nel 1996. Quell’anno iniziai a fare le mie prime sfilate di moda nella piccola realtà della mia città. Ricordo che quando mi proposero una piccola sfilata in abito da sposa per la prima volta, pagandomi 50.000 lire, io esultai più per la possibilità di guadagnare qualcosina, che tradotto significava avere una mia piccola indipendenza, che per la gioia di sfilare. Per quanto fossi affascinata dal mondo dello spettacolo, ero consapevole che la moda non era esattamente nelle mie corde. Le modelle a quel tempo erano già troppo magre per i miei canoni e poi erano mute! Per me, il dono del pensiero che prendeva vita con la voce era essenziale per la mia autostima e la mia realizzazione professionale.

Nel 1996 il fotografo ufficiale di Miss Italia, mi notò per strada e mi fermò.

A me accadde esattamente ciò che spesso viene raccontato nelle fiabe, ciò che ogni bimba immagina della propria vita. Ma solo ora, anzi in questo istante in cui sto scrivendo questa pagina della mia vita, mi sto rendendo conto che alla fine se credi fortemente nei tuoi sogni accade che siano i sogni a bussare alla tua porta, a prenderti per mano e ad accompagnarti in un altro mondo.

Quel mondo che avevo tanto sognato aveva bussato alla porta di casa mia, travolgendo tutto e tutti. I miei genitori innanzitutto. E io decisi di salire su quel treno che correva a folle velocità, che avrebbe da lì in poi deciso per me un altro destino. Col senno di poi rifarei tutto, godrei di tutti quei momenti così magici e, allo stesso tempo, surreali, soffrirei esattamente così come è avvenuto, farei le stesse scelte e gli stessi errori. La Manila che sta scrivendo è esattamente ciò che sarei voluta essere, se a dieci anni mi avessero mai chiesto: «Come ti vedresti a quarant'anni?».

Può suonare folle alla luce di tutto ciò che poi ho affrontato, eppure tutto nella vita è un dono, compreso il dolore. Anzi, il dolore è il vero elemento che ci fa vivere e godere delle cose belle del quotidiano. Pensiamoci qualche momento in più, io l'ho fatto molte volte per riuscire a dare una spiegazione agli eventi accaduti. Forse qualche volta una spiegazione c'è, ma spesso non esiste ed è inutile tentare di cercarla. Molto più spesso dobbiamo imparare ad attraversare gli eventi, così come dobbiamo imparare a farci attraversare dagli eventi.

È la vita. Lei ci stupirà sempre.

Ma il vero sogno di Miss Italia dovrà ancora aspettare qualche anno.

Nel 1996 decisi di vivere l'esperienza delle sfilate e delle selezioni, senza affanni o ansie. Nonostante fossi consapevole di non avere una fisicità giusta e probabilmente nemmeno la giusta preparazione mentale, arrivai in finale a Salsomaggiore Terme, in diretta su Rai Uno per cinque serate. Quello fu per me una sorta di battesimo di fuoco. Mi guardavo attorno ed erano tutte più belle di me, tutte più alte di me, tutte più magre di me. Erano per me tutte Miss Italia, eccetto me!

Fu anche il mio primo contatto con un uomo unico per educazione, gentilezza, rispetto, amore e generosità. Un uomo che la vita mi fece incontrare di nuovo tre anni dopo, premiandomi in qualche modo. Lui era Fabrizio Frizzi.

Per me era solo tutto rimandato, ma io non lo sapevo. Non lo potevo sapere perché arrivando in finale accanto alla vincitrice (Denny Mendez), io ero già estremamente felice e soddisfatta. I miei genitori erano orgogliosi di me, anche se, come vi ho già raccontato, loro non erano esattamente d'accordo con me sulla partecipazione al concorso perché timorosi di quell'ambiente così lontano da noi. Eppure mi sono stati accanto e mi hanno sostenuto, come sempre hanno fatto negli anni successivi. Ma, in tutta onestà, quando c'era qualcosa di sbagliato o non esattamente giusto per me, loro me lo hanno sempre fatto notare. Non erano quei classici genitori, come tanti che ho incontrato durante le selezioni di Miss Italia, per i quali la loro figlia era sempre perfetta e la più bella. Assolutamente no! Vi racconto questo perché quando partecipai la prima volta al concorso, nel 1996 appunto, ero obiettivamente un po' in carne per i canoni di Miss Italia. Il mio viso era sempre quello, le mie labbra e soprattutto i miei occhi erano sempre quelli che poi, tre anni dopo, avrebbero fatto "innamorare" Alberto Sordi, ma non ero pronta. E non lo ero neanche mentalmente. Questo i miei genitori me lo confidarono, fermi ma dolci. Non volevano ferire la loro piccola principessa, ma volevano che fossi consapevole che, se avessi davvero voluto realizzare quel sogno, mi sarei dovuta anche preparare e non lasciare tutto al destino. Aiutati che Dio ti aiuta! Questo lo racconto semplicemente perché tre anni dopo mi resi conto che si diventa Miss Italia prima con la testa e dopo con il corpo.

Così i tre anni passarono in fretta.

La decisione di ripartecipare al concorso la presi solo all'inizio del 1999, quando avevo già cominciato i miei studi di Medicina a Chieti. Ero brava ed estremamente appassionata della materia. Con una media del 29/30, macinavo pagine e pagine di libri, tra un esame di anatomia e uno di fisiopatologia. Però quel tarlo, quella corona, non era mai andato via dalla mia testa. Continuavo a lavorare come modella saltuariamente e mi divertiva, ma c'era qualcosa di irrisolto nella gamma dei miei sogni, fino a quando arrivò la telefonata dello stesso fotografo che tre anni prima mi aveva fermato per strada per propormi la pazzia di un concorso di bellezza.

«*Ciao Manila! Come stai? Sono passati tre anni dalla tua partecipazione a* Miss Italia *e, per regolamento, ora puoi di nuovo provarci. Ho una follia da proporti: diventa mora! Con i tuoi occhi, con quegli occhi, arriverai in ogni casa e tutti si innamoreranno di te!».*

Ero bionda, alta, magra, un corpo scolpito da anni e anni di pallacanestro e sport e quasi donna. Nel 1999 non ero più una bambina. A quasi ventun'anni il mio corpo era un mix di innocenza e sensualità, con i colori di una svedese. Sono pugliese, ma della mia terra porto solo il fuoco e il calore e non certo i tratti e i colori canonici.

Quella telefonata arrivò improvvisa come quando accendi tutte le luci in un teatro buio e abbandonato: erano tutte rivolte su di me. Sembravano illuminare quell'unico grande desiderio di mio nonno materno, Gaetano, a cui ero legata in maniera profondissima. Fu lui a parlarmi di Miss Italia la prima volta, quando ero ancora troppo piccola per comprendere esattamente di cosa stesse parlando. Mi raccontava di quella corona che veniva indossata da una donna bellissima, unica e ammirata da tutti. Mi raccontava di quella corona che lui vedeva e immaginava solo sulla mia testa. E io, con gli occhioni spalancati, lo guardavo e sognavo.

Anni e anni dopo è accaduto tutto questo. E quella telefonata mi riportò alle braccia di nonno Gaetano, morto troppo presto per vedere il suo sogno realizzato.

A lui e alla mia terra dedicai la vittoria di Miss Italia.

Era maggio del 1999 quando decisi di rivoluzionare la mia vita, fatta di momenti e ritmi ben scanditi da corsi in ospedale, turni in laboratorio e nottate a studiare. Comunicai ai miei genitori che avevo intenzione di riprovarci. Anzi, dovevo riprovarci. Ero pronta.

Mentre la mia mamma, sognatrice come me, accolse la notizia con gioia ed entusiasmo, il mio papà ancora una volta non era d'accordo. Lo scrivo col sorriso ora, ma in quel momento avrei voluto solo sentirmi dire da lui: «Vai e spacca!». E, invece, non fu esattamente così, per lo meno all'inizio. Aveva paura che rimanessi delusa da un risultato che, a suo parere, poteva non essere uguale a quello del 1996, anno in cui, con il numero 17 e la fascia di Miss Puglia, arrivai comunque in finale a Salsomaggiore Terme, superando selezioni su selezioni, tra migliaia di ragazze. Mi disse: «*Hai lasciato un bellissimo ricordo di te. Perché rischiare di rovinarlo nel caso in cui non dovessi neanche vincere il titolo regionale?*».

Come dargli torto? Però la vita va vissuta e rischiata se si vuole raggiungere un obiettivo. Bisogna provarci, per lo meno. Ciò non vuol dire amare una vita spericolata, un pensiero che non mi appartiene assolutamente, però fare qualcosa per tentare di realizzare un sogno è, a mio avviso, un obbligo che abbiamo nei nostri confronti, affinché un giorno potremo dire di averci provato, con tutte le nostre capacità, senza aver rimpianti.

Spiegai tutto questo al mio papà, così simile a me, che capì, comprese e condivise pienamente. E in qualche modo, non mi buttai a capofitto nel tentativo di realizzare un sogno, quel sogno, il sogno della corona, da sola. Ci buttammo in tre: io e miei genitori.

Primo step: i capelli. I miei capelli erano di un biondo cenere naturale, reso più luminoso da schiariture biondo oro. Vanni Natola, il fotografo, e Mimmo Rollo, responsabile dell'agenzia di Miss Italia per la Puglia, immaginarono per me un castano scuro. Non si sbagliarono. Quando partecipai al concorso nel 1996, i miei capelli biondissimi in qualche modo smorzavano il colore particolare dei miei occhi. Ho ricevuto tantissime domande sull'origine del colore dei miei occhi. I miei genitori, così come mio fratello, hanno gli occhi marroni, scuri e capelli quasi neri. Io nasco con i colori del Nord Europa. Mi spiegarono che probabilmente ero il risultato di un salto, anzi di più salti generazionali, la cosiddetta Legge di Darwin, secondo la quale avrei ereditato i geni di qualche antenato vichingo. Chissà!

In ogni caso mi convinsi (in realtà sono più bionda dentro che fuori) e decisi di scurirmi i capelli. Il risultato fu incredibile!

In quel momento tutti mi guardarono ed esclamaro all'unisono: «SOPHIA LOREN!».

Non mi rendevo conto di quanto, con i colori così scuri, somigliassi a una delle donne più belle del mondo, la donna così tanto amata dal mio caro nonno, una donna così irraggiungibile!

Da lì cominciò l'iter delle selezioni prima provinciali e poi regionali. Ero cresciuta. Ero molto più sicura di me. Su quelle passerelle mi sentivo assolutamente a mio agio, senza vergogna o ansia, sfilavo, sorridevo e mi divertivo. Mi rendo conto solo adesso, stando qualche volta dall'altra parte della passerella, che il mio atteggiamento piaceva, incuriosiva e, a tratti, divertiva la giuria. Ero giovanissima, appena ventenne, eppure rispetto a tre anni prima, sembravo un'altra persona. Forse era la consapevolezza di ciò che stavo cercando o forse la grinta e il desiderio di voler raggiungere quel sogno, ecco che le selezioni diventavano una sorta di allenamento per me. Ne vincevo una dietro l'altra, fino ad arrivare alla finale regionale che si tenne a Otranto, per il prestigioso titolo di Miss Puglia. Ancora una volta ero lì a giocarmela, proprio come tre anni prima. Tutto uguale, se non fosse per il fatto che su quella passerella non ero sola: c'era mio nonno. Lo sentivo, avvertivo la sua presenza. Mi tranquillizzava e inorgogliva.

Così, in una calda notte dell'agosto 1999 venni eletta, per la seconda volta, Miss Puglia e volai alle preselezioni di San Benedetto del Tronto.

Di tutte le ragazze giunte a San Benedetto del Tronto, centinaia da ogni regione d'Italia, ne sarebbero state selezionate solo 100 per partecipare all'evento televisivo dell'anno, assieme al Festival di Sanremo, e che avrebbe inaugurato il palinsesto televisivo più importante di quei tempi. Ben cinque prime serate su Rai Uno, con share stellari, quasi inimmaginabili a questi tempi. Alla conduzione ancora una volta lui, Fabrizio Frizzi, che di lì a poco sarebbe diventato una della figure più importanti della mia vita professionale.

I cinque giorni a San Benedetto del Tronto furono molto impegnativi. Si dormiva molto poco ed eravamo continuamente chiamate a sfilare e a provare coreografie per la serata finale di presentazione delle 100 finaliste. Dormivamo in una sorta di convento sulle colline marchigiane e io condividevo la camera con due "colleghe" della mia stessa regione, Giulia e Sabina, e con una ragazza calabrese, Maria Rosaria, che era rimasta fuori dal gruppo Calabria nella spartizione delle stanze. Quando la incrociai e la vidi lì sola ad aspettare una stanza disponibile, le proposi di venire con noi. Quella con Maria Rosaria è un'amicizia che ancora adesso, a distanza di oltre vent'anni, c'è ed è uno dei ricordi più belli di quell'esperienza. Con lei, nonostante la stanchezza e le poche ore di sonno, ho condiviso momenti di grande gioia e divertimento, che porto tuttora nel cuore e nella mia memoria più bella.

Insieme, tutte e quattro, superammo la durissima selezione delle prefinali nazionali. E tutte e quattro assieme partimmo per quella meta che rappresentava davvero il sogno: Salsomaggiore Terme.

Sapete una cosa? Per me era la seconda volta lì, in quella località, in quell'albergo, in quel palazzetto, eppure non ho ricordi nitidi della mia partecipazione del 1996. A distanza di oltre vent'anni, invece, sono tantissimi i ricordi che affiorano nella mia mente mentre digito ogni singola lettera su questa tastiera.

Anche lì, a Salsomaggiore Terme, furono due settimane toste e impegnative sia dal punto di vista fisico che mentale. Ma io ero pronta, ero diversa, ero stanca certo, ma il fuoco che ardeva dentro di me era tale che non c'era mai motivo per non sorridere e impegnarmi seriamente con prove e sfilate. Ero consapevole della fortuna che avevo a essere di nuovo lì, a distanza di tre anni e questo mi portava a essere tanto riconoscente a chi mi era stato accanto, ossia i miei genitori, ma anche al mio fidanzatino di allora, Giovanni, mio collega universitario, così tanto orgoglioso di vedermi lì.

Quando all'inizio di questo capitolo vi ho raccontato che Miss Italia si vince più con la testa che con il corpo, mi riferivo proprio a questo. La stanchezza era tanta, provavamo ore e ore, partendo al mattino prestissimo (la sveglia suonava alle 7:00... se eravamo fortunate!) fino a tarda notte, e la resistenza mentale era necessaria. Anche da noi, in quell'anno, ci furono ragazze che, prese dallo sconforto dei ritmi sostenuti e dalla lontananza degli affetti, si ritirarono, lasciando il posto alle cosiddette riserve. Io no! Sentivo la vicinanza della mia famiglia e il loro sostegno, nonostante tutto, e mai avrei mollato! Avvertivo qualcosa attorno a me, che non era solo semplice curiosità o interesse. Era altro. Era come se una stella mi stesse guardando e ogni cosa che io facessi era sempre giusta e vincente. Non so se quella stella fosse il mio caro nonno o qualche angelo in cielo, però c'era, e mi guidò in ogni singolo passo verso quella corona che per anni avevo sognato, in silenzio, per non essere considerata una folle. Perché sognare, a volte, fa più paura per ciò che la gente pensa di te che per altro.

Così, piano piano, arrivai a vincere il primo importante premio, Miss Cinema 1999, il titolo più prestigioso, dopo quello di Miss Italia. Che emozione quel giorno!

Tra i componenti della giuria tecnica c'erano, su tutti, Simona Ventura e Stefano Bettarini. Una coppia bellissima. Lei, Simona, era ed è una delle donne più belle e forti cha abbia mai incontrato. Col tempo avrei avuto modo di conoscere ancora di più la sua forza e la sua resilienza. Col tempo ho capito che la sua presenza lì, in quel momento così importante della mia vita, non era un caso. Era scritto che la mia vita sarebbe stata simile alla sua per molti aspetti e che io, come lei, avrei dovuto affrontare delle prove che mai avrei immaginato di superare.

Ricordo, come se fosse accaduto ieri, la prima volta che sfilai davanti alla giuria tecnica e quel «WOW!» esclamato da Stefano Bettarini. Lì, forse per la prima volta, mi resi conto che avevo effettivamente qualche chance in più rispetto alle altre di vincere qualche titolo e che le cose si stavano muovendo in maniera nettamente differente rispetto a tre anni prima. Era una sensazione forte e netta dentro me e, quasi quasi, iniziavo a crederci anche io.

Scrivo e racconto quei momenti chiudendo ogni tanto gli occhi. I ricordi sono a tratti nitidi e a tratti offuscati, ma non a causa del tempo trascorso, bensì per la velocità con cui è avvenuta una serie di cose in soli quindici giorni. Proprio così, solo quindici giorni in cui la mia vita è cambiata radicalmente e profondamente. Tutto veloce. Ero lì, inconsapevole di ciò che mi stava accadendo. Era tutto ancora un gioco, un grandissimo gioco, anche se mi veniva chiesto di avere un atteggiamento da adulta, da donna e da professionista. Ma io ero soltanto una ragazza, poco più di una bambina se si considera che, fino a quel momento, se fossi uscita un pomeriggio con le amiche, sarei dovuta tornare a casa massimo alle nove di sera. Questo un po' mi spaventava e un po' mi entusiasmava. Non so se riuscirò mai a descrivere le emozioni di quei giorni e ciò che provai la notte del 6 settembre del 1999. Ci provo ma mi rendo conto che gli occhi lucidi e i silenzi di questo preciso istante parlano e raccontano più di mille parole.

Volarono quei giorni. Due settimane intensissime scandite da sfilate, shooting e prove generali. Tutto sempre in compagnia di un grande fratellone, Fabrizio Frizzi. Lui era sempre con noi, ci sosteneva e ci aiutava a non mollare nei momenti di massima stanchezza. A volte le prove terminavano alle due o alle tre di notte e, nonostante fossero esclusivamente prove di ballo che riguardavano solo noi, lui non andava via. Restava con noi fino all'ultimo minuto. Sempre col suo meraviglioso sorriso che da lì a poco sarebbe diventato familiare per milioni di italiani, che lo avrebbero amato per la sua dolcezza, per la sua educazione e per essere una così brava e bella persona.

Ho avuto la fortuna di conoscere Fabrizio e lavorare più volte con lui. Ho avuto la fortuna di essere battezzata in questo mondo, il mondo dello spettacolo, da un uomo così speciale, da rendere bello e pulito un mondo così difficile, perché competitivo, perché poco meritocratico, perché bugiardo. Fabrizio mi ha subito insegnato che si poteva rimanere persone perbene nonostante tutto. Lui lo dimostrò anche negli anni successivi in cui subì grandi ingiustizie. Lo ricordo con il cuore pieno di colori e calore. È un grande dono quello che ho ricevuto da Fabrizio negli anni. Ringrazio la vita che, in qualche modo, facendomi vincere il concorso di Miss Italia, mi ha permesso di imparare che si può essere diversi e migliori.

Nel 1999 ho avuto un altro grande onore: essere incoronata da Alberto Sordi. Che uomo e che carisma! Lui arrivò solo per la serata finale in cui, nonostante continuassi a essere la favorita, le cose sembrava stessero andando in un'altra strada. La giuria tecnica si era arricchita di altri elementi: arrivarono Denny Mendez, Anna Valle, Juri Chechi, altre ex Miss Italia e sportivi. Sembrava davvero che questi nuovi elementi avessero in qualche modo rimescolato le carte. Si avvertiva una sensazione differente e un'aria piuttosto tesa, ma Alberto Sordi rivendicò immediatamente il suo ruolo di Presidente di giuria. Durante una pausa pubblicitaria, ricordo molto bene, si sentì la sua voce esclamare: «Il presidente sono io e decido ioooo!».

Solo giorni dopo scoprii che molti componenti della giuria avevano un'altra ragazza preferita. Non ero io Miss Italia per gli altri, ma per lui incarnavo perfettamente l'idea della Donna che lui avrebbe voluto come unica musa per i suoi film. Ero, per lui, l'immagine della donna che doveva rappresentare l'Italia. Per lui io ero esattamente come Sophia Loren.

Ecco come tutto torna nella vita se ci credi, se non molli, se non ti arrendi e lavori affinché accada ciò che desideri. Appena quattro mesi prima mi erano state dette esattamente le stesse parole: «Sembri Sophia Loren!». Lo sguardo, le labbra, il corpo mediterraneo e ora anche i capelli, non più biondo oro, bensì castani e un po' mossi. Se il tuo momento arriva e ti trova pronta, lì vinci.

E io, quella notte, vinsi il titolo di Miss Italia, tra le lacrime dei miei genitori e le mie urla. Di quel momento non ricordo altro. Rivedo le immagini e provo lo stesso identico tuffo al cuore. Il mio pensiero volò in alto verso il mio caro nonno. Lo immaginavo sorridente e orgoglioso. Il mio pensiero volò verso la mia dolce nonna Irma, orgogliosa di esser riuscita a vedere la sua piccola nipotina bionda, cresciuta praticamente nel corridoio di casa sua, indossando le scarpe col tacco altissimo di zia Anna. Ha combattuto fino all'ultimo la mia dolce nonnina prima di arrendersi alla malattia che ce la portò via nel novembre dello stesso anno, appena due mesi dopo la mia elezione.

Ricordo il mio sguardo, gli occhi gonfi di lacrime che cercavano i miei genitori. Sentivo le loro voci e le urla di felicità. Felice in quell'istante perché sapevo che loro erano orgogliosi di me. Mi avevano sostenuto e protetto e credevano in me. Deluderli è stata sempre una mia preoccupazione. L'immagine della mia mamma e del mio papà in quella notte rimarrà scolpita nel mio cuore per sempre.

Tutto il resto era ovattato. Gli abbracci delle altre ragazze, le parole di Fabrizio e di Alberto Sordi. Ero prigioniera in una nuvola. Quando all'improvviso realizzi che ciò che avevi sempre

Miss Italia 1999

sognato, ciò che le persone che ti amano hanno sempre desiderato per te si è avverato, ecco che il tuo cuore esplode. È come se la vita fosse messa in pausa per un istante e tu sei lì che guardi tutto e tutti fuori da quel momento. Così ho vissuto quel preciso istante in cui Fabrizio Frizzi elegge la numero 17 Miss Puglia nuova Miss Italia!

Quella notte tutto cambiò. Non potevo certo saperlo in quel preciso momento. Era ancora tutto un divertentissimo gioco. Bellissimo e stancante, ma pur sempre un gioco.

Di lì a poche ore me ne resi conto: tutto ciò che era stato fino a quel momento non esisteva più!

La mia nuova vita

Quella notte, la prima notte da Miss Italia, sarà indelebile nella mia memoria. Ricordo che, immediatamente dopo l'incoronazione, ci fu il mio primo servizio fotografico: fasciata in un abito da sera rosso e con aria, più che spaesata, completamente smarrita. Alle tre di notte non ero ancora riuscita ad abbracciare i miei genitori. Non volevo altro, avevo bisogno di un contatto con la mia vita e la mia realtà, ma questo mi fu permesso solo quasi all'alba, perché prima avrei dovuto presenziare alla festa in mio onore, con tanto di torta a tre piani, centinaia di invitati e fotografi. Non ho idea di chi fosse presente quella sera. Per me era tutto surreale. Sembrava un film di cui io ero inconsapevole protagonista. Solo verso le quattro di mattina finalmente mi fecero abbracciare i miei genitori. Non parlammo. Non serviva. I nostri abbracci già raccontavano tutto.

Mi fu chiesto se avessi voglia di passare la notte con la mia mamma e mi sembrò bellissimo. In realtà non dormimmo neanche, perché io iniziai a piangere. Ero felice, ma era tutto così più grande di me e avevo paura di non essere in grado di gestirlo. La mia mamma mi tenne abbracciata tutta la notte. Anzi, in realtà, poche ore, perché già alle sette del mattino mi vennero a svegliare truccatore e parrucchiere, ma quelle poche ore furono essenziali per me. Avevo bisogno di un punto di contatto con la mia vita reale per trovare la forza di affrontare una nuova vita che mi faceva paura, soprattutto perché non ne sapevo nulla. Non riuscivo a capire cosa avrei dovuto fare, dove andare, con chi parlare e di cosa parlare. Era tutto un gigantesco punto interrogativo.

Lei, la mia mamma, mi disse semplicemente di essere me stessa, di usare la mia forza e la mia testardaggine per non deludere le migliaia di persone che avevano creduto in me solo poche ore prima, votandomi, e che avevo una responsabilità nei loro confronti. Ancora una volta mi veniva chiesto di non deludere e ancora, per anni e anni, ho avvertito un senso di inadeguatezza ogni qualvolta sia accaduto, perché ACCADE ed è la vita a far sì che accada. Si deve accettare che si può fallire e, a volte, ferire, così come, a volte, essere feriti. Ma quel senso di inadeguatezza, che mi ha poi accompagnato per anni, ora non esiste più. Per arrivare a questo, però, ho dovuto attraversare tempeste e bui totali. Quel giorno per me era solo l'inizio.

La mattina seguente alla mia elezione, oltre ai consueti servizi fotografici per gli sponsor del concorso e le miriadi di interviste, conobbi prima il patron del concorso, Enzo Mirigliani, e poi Alberto Sordi. Parto da quest'ultimo.

Con Alberto Sordi trascorsi solo un'oretta scarsa, spesa tra foto e chiacchiere. Mi vide spaesata e, forse, triste. Una tristezza assurda, si potrebbe pensare. Eppure, nonostante le tantissime persone sempre accanto, mi sentivo sola. Quello della solitudine è un concetto che si presenterà molto spesso nelle varie fasi della mia vita. Se già allora mi avessero chiesto di cosa avessi paura, avrei risposto "della solitudine". Una paura che ho superato solo dopo esser diventata mamma, perché è stato solo in quel preciso istante che ho avvertito nel profondo della mia anima che non sarei stata mai più sola.

Alberto Sordi, con la schiettezza che gli apparteneva, mi chiese perché avessi quegli occhi così spenti. Io gli risposi che non sapevo cosa mi stesse accadendo. Lui diretto mi disse qualcosa che mi spalancò l'anima e divenne all'istante il mio mantra. «*Sei una ragazza molto fortunata. Oggi, milioni di ragazze vorrebbero essere te. Ma ci sei tu e quindi sorridi, perché facciamo e tu farai un lavoro bellissimo, ma la vita non ci regala quasi mai la possibilità di incontrare due volte le persone che incrociamo casualmente sul nostro cammino. Loro, quindi, avranno di te un unico ricordo e questo ricordo deve essere il sorriso. Se sei triste o stanca impara a sorridere comunque. Tu non li deluderai e loro ti ammireranno sempre. La vita ci ha fatto un grande dono, facciamo un lavoro speciale, anche se, spesso, ti sentirai stanca o sola, ma il destino ha scelto così e noi abbiamo il dovere di non rovinare tutto*».

Quanto quelle parole fossero preziose me ne resi conto molti anni dopo. Nonostante tantissimi ricordi dell'anno da Miss Italia siano piuttosto offuscati, quelle parole mi entrarono in testa e non se ne andarono più.

Gli sorrisi e lo ringraziai, perché il sorriso tornò davvero e, con lucidità, capii che era cominciata una nuova fase della mia vita.

Quello stesso giorno ebbi il mio primo vero incontro con Enzo Mirigliani, patron del concorso di Miss Italia. Ho imparato a volergli bene nel tempo, ma, onestamente, i nostri primi incontri non furono esattamente positivi come qualcuno può immaginare. Si può immaginare che Enzo fosse un uomo dolce nei confronti della sua Miss. In realtà più che dolce direi che fu severo e, a tratti, anche sgradevole nei modi. La prima cosa che mi disse fu: «*Io posso toglierti la corona quando voglio se non fai esattamente ciò che ti viene detto di fare!*». Non capivo, sul momento, perché si rivolgesse così nei miei confronti. Mi fu spiegato, successivamente, che era un discorso legato agli sponsor del concorso, con cui erano in essere contratti rigidissimi: era già stata programmata una serie di giornate di lavoro stabilite e che non avrei mai potuto rifiutare. Per capire meglio la questione, quando le tantissime ragazze arrivavano alle prefinali da ogni regione d'Italia, dovevano firmare un faldone composto da centinaia di pagine. Tradotto: centinaia di firme che le avrebbero legate all'istante al marchio Miss Italia, ma che sarebbero state valide solo per la vincitrice del concorso.

Il patron Enzo Mirigliani si riferiva esattamente a questo ed era assolutamente giusto e prestigioso, se non fosse che durante l'anno di Miss Italia io riuscii a tornare a casa ad abbracciare i miei genitori solo due volte e, per di più, una di queste, in occasione del capodanno 2000, che trascorsi nel letto con una febbre da cavallo. Riuscii a prendere in un anno più di 300 aerei e questa cifra rende l'idea dell'anno che ho vissuto.

In una sola notte non mi fu chiesto, bensì imposto di diventare adulta. Certo, nessuno mi aveva obbligato a partecipare al concorso, però credo che una piccola attenzione in più avrebbe reso quell'anno più umano. Riconosco, perciò, che l'arrivo di sua figlia Patrizia alla guida del concorso, dopo la morte di Enzo Mirigliani, abbia apportato quel tocco femminile e quelle attenzioni che solo noi donne conosciamo e sappiamo essere necessarie alle altre donne. Più e più volte mi scontrai con Enzo durante quell'anno. Sapevo di dover imparare tutto, ma sapevo anche quanto potevo dare all'immagine di Miss Italia se solo qualche volta mi fosse stato chiesto cosa ne pensassi o se mi faceva piacere o mi dava disturbo. Viaggiavo ogni singolo giorno e sempre sola o accompagnata da estranei. Ho girato l'Italia in lungo e in largo. Ho preso aerei all'alba, dopo appena tre ore di sonno. Ho viaggiato di notte in treni desolati.

Lavavo la mia biancheria di notte negli hotel e l'asciugavo col phon, perché, spesso, non restavo neanche due notti di seguito nella stessa struttura.

Mi veniva chiesto di entrare in costume da bagno ufficiale del concorso, indossando fascia, corona e scettro di Miss Italia, in pieno inverno, nei supermercati, per sponsorizzare acqua accanto ai banchi frigo. Accettavo, perché era il mio dovere di Miss Italia e, dopotutto, le altre lo avevano fatto prima di me.

In compenso, avevo la possibilità di vivere esperienze pazzesche. La prima, in ordine cronologico, fu la prestigiosa sfilata sulla scalinata di Piazza di Spagna in diretta su Rai Uno. Lì ebbi l'onore di essere l'unica italiana a sfilare con un abito rosso da sogno di Valentino. Lui, Valentino, un uomo di grande gentilezza e generosità. In occasione di quel fitting fui scartata da "re Giorgio Armani", perché troppo grassa per i suoi canoni. Ci rimasi malissimo. Ero magrissima. Una magrezza eccessiva, dovuta allo stress dei giorni che stavo vivendo, eppure non abbastanza per poter indossare un capo firmato Armani. Stavo andando via quando Valentino in persona mi fermò e mi chiese di sfilare per lui, con un abito già reso celebre dalla top model Naomi Campbell. Non mi sembrava vero! L'abito sembrava disegnato per me e quelle scarpe poi: sandali realizzati da petali di rosa con laccio alla caviglia. In quel momento capii come poteva essersi sentita Cenerentola quando la fata le realizzò l'abito per il gran ballo col principe. Così mi sentii e, bella come non mai, vissi la mia prima grande esperienza da Miss Italia. Al termine della sfilata Valentino decise di regalarmi quelle scarpe, che mi avevano fatto sentire proprio una principessa. Le custodisco tuttora gelosamente tra gli oggetti più preziosi.

Dal giorno dell'incoronazione sfilai sulle passerelle più importanti del momento. Erano ancora anni d'oro per la moda italiana e Milano restava il centro nevralgico di sfilate, shooting e showroom.

Era un sogno per me. Ogni singolo giorno mi dividevo tra centri commerciali, promozioni dei prodotti degli sponsor del concorso, servizi fotografici e interviste. Sembra surreale e, a tratti, impossibile, ma succedeva spesso che tutte queste cose accadessero contemporaneamente nella stessa giornata. Come fosse possibile e come riuscissi a far tutto, io non saprei. Neanche col senno di poi ero consapevole della forza fisica e mentale che avevo avuto nell'affrontare tutto con il sorriso, così come mi aveva insegnato Alberto Sordi.

Ogni tanto, in realtà molto raramente, mi ribellavo ai ritmi e alle sveglie disumane che l'organizzazione del concorso aveva deciso per me. Ogni sera, nell'hotel in cui soggiornavo, mi arrivava un fax (a volte un papiro), in cui venivano descritti e comunicati, minuto per minuto, tutti gli impegni che avrei dovuto sostenere il giorno successivo. Questi stessi fax erano inviati, in contemporanea, ai miei genitori, che, quindi, erano continuamente aggiornati sui miei spostamenti, con tutti i recapiti telefonici per ogni tipo di comunicazione. Non esistevano ancora le mail, ahimè, nel 1999, e quello dei fax era il modo più veloce per comunicare qualcosa. Ricordo che i miei genitori, dopo la mia elezione, furono costretti ad acquistare un telefono-fax e, dopo che ricevevano il fax serale, ecco che arrivava la telefonata della mia mamma, che giustamente era preoccupata per i ritmi che avrei dovuto sostenere il giorno dopo, preoccupata che non mangiassi o riposassi abbastanza.

Effettivamente in quei fax così meticolosi non vi era mai un cenno a un'eventuale pausa pranzo o all'orario di fine giornata lavorativa. Giorno dopo giorno i miei genitori accumulavano metri e metri di fax che, ancora adesso, custodiscono gelosamente perché testimonianza di un periodo della NOSTRA vita unico e speciale, nonostante tutto.

Tornando al punto in cui racconto che a volte effettivamente mi ribellavo ai ritmi frenetici delle mie giornate, ecco che mi arrivava la telefonata del patron Enzo Mirigliani che mi avvertiva, con tono piuttosto brusco, che se lui avesse voluto mi avrebbe tolto il titolo di Miss Italia in qualsiasi momento. In questo preciso istante in cui mi e vi racconto questi aneddoti, perché in realtà questo tipo di telefonata arrivava piuttosto spesso o, per lo meno, ogni qual volta io facevo notare che avevo bisogno di rallentare i ritmi, che fisicamente, nonostante fossi giovanissima, ero troppo tirata, mi viene da sorridere. In realtà, le prime volte in cui Enzo Mirigliani mi faceva questo tipo di monito/avvertimento io ero piuttosto spaventata e preoccupata. Era un sogno per me, sapevo di dover lavorare sodo e non potevo permettere a nessuno e a niente di rovinarlo, ma la mia vera natura forte, testarda, determinata, risoluta e molto solida presto iniziò a uscire fuori. Direi, anzi, prestissimo, perché già verso novembre dello stesso anno della mia elezione l'organizzazione iniziò a conoscermi molto bene. Pochi mesi appena e già sapevo districarmi in quel mondo adulto ed estraneo e già rivendicavo i miei diritti. Così a un certo punto la mia risposta al solito monito: «*Guar-*

da che io posso toglierti il titolo se non rispetti gli impegni da Miss Italia!» (impegni che, come ho raccontato prima, erano stati presi, a nostra insaputa, all'arrivo alla fase delle prefinali), divenne: «*Davvero Enzo? Ma magari! Pensa, sarei la prima Miss Italia della storia centenaria del concorso a cui viene tolta la corona! Pensa a quanto lavorerei dopo!*», sorridendo a denti stretti.

La prima volta che il patron sentì la mia risposta, rimase senza parole. Poi iniziò a inveire, urlando parole indecifrabili. Sorrido pensandoci, perché non era pronto a una ragazzina con una forte personalità. Non era pronto ad avere a che fare con una ragazzina forse più testarda di lui; un uomo che, dal nulla, aveva costruito una fabbrica di sogni che aveva la peculiarità di bussare letteralmente alla porta delle case di migliaia di ragazze ogni anno e che di grande avevano solo il cassetto dei sogni. Ho sempre riconosciuto a Enzo Mirigliani una forza e una determinazione dettata da quel fuoco che solo chi nasce senza nulla conosce. Ho sempre provato e raccontato la mia gratitudine al concorso di Miss Italia, perché ad esso devo tutto ciò che è stato nella mia vita, nel bene e nel male. Lo rifarei mille volte, forse anche smussando un po' quei lati del mio carattere così tanto aspri ed eccessivamente sinceri, perché la diplomazia l'ho imparata col tempo e vivendo, ma su una cosa non sono mai cambiata e mai cambierò: sull'amor proprio di donna, sull'orgoglio di essere una donna libera di scegliere e di dire no se non ho voglia o se non mi piace qualcosa.

Ed eccoci arrivati già alla prima grande battaglia che ho portato avanti durante l'anno di Miss Italia: il costume da bagno in un centro commerciale piuttosto che in una trasmissione televisiva perché «la Miss Italia si deve riconoscere».

Ricordo il mio primo pianto in occasione dell'ospitata alla trasmissione di Bruno Vespa, *Porta a Porta*, dove mi vollero in costume da bagno, per raccontare come ci si sente a essere una Miss, in un parterre di donne e uomini in abiti da sera. Mi sentivo profondamente in imbarazzo e chiesi di poter partecipare vestita con un abito. Mi fu risposto un no categorico, perché la Miss Italia per gli italiani era in costume da bagno. A onore del vero, in quell'occasione, anche Enzo Mirigliani era d'accordo con me, ma il presentatore Vespa, no! Iniziai a piangere, mi vergognavo e mi sentivo solo un oggetto da mostrare. Già allora ero molto altro, nonostante la mia giovane età. Ricordo la dolcezza di Martina Colombari (Miss Italia 1991), che mi abbracciò, sussurrandomi parole bellissime. Mi disse: «*So cosa provi e hai ragione.* Non *dovrebbe più accadere che la Miss Italia sia riconosciuta solo come corpo.* Noto *che gli anni sono passati, ma non c'è stato nessun tipo di evoluzione*». Lì capii che c'era ancora molto da fare e non si trattava di sfilate o di servizi fotografici, ma di una vera rivoluzione e io, che avevo l'esposizione mediatica di una Miss Italia, non potevo arrendermi facilmente. Avevo il palcoscenico giusto per portare avanti un messaggio in cui credevo fermamente già allora e che, ancora adesso, è parte del mio modo di essere.

Mentre scrivo ricordo anche un altro aneddoto accaduto quella sera. Ero stanca dalle ore di pianto ed ero triste, così entrai distratta nello studio televisivo non salutando quasi nessuno. In quello studio c'era anche Caterina Balivo, presentatrice TV, arrivata terza nell'anno della mia vittoria del concorso. Forse non salutai neanche lei, non ricordo, ma di certo non fu fatto di proposito perché non avevo nessun motivo di screzio nei suoi confronti. Eppure so che lei raccontò da quel giorno che, siccome in quell'occasione io non l'avevo salutata, lei non gradiva la mia presenza nei programmi che poi lei avrebbe condotto negli anni seguenti. Io penso, invece, che il motivo sia un altro. Probabilmente risiede nella mancata accettazione della sconfitta a un concorso di bellezza, dove regna sovrano il fattore in assoluto più soggettivo che esista: la bellezza, appunto. Non eravamo e non siamo mai state amiche perché sono venuta a conoscenza di episodi molto sgradevoli nei miei confronti, anni dopo. Eppure lei era lì ad abbracciarmi nel momento della mia elezione! Strana proprio la vita! Questo racconta che ho subito testato la falsità nei rapporti tra donne, cosa che non mi appartiene assolutamente, così come la vicinanza e il sostegno, che sono assoluti protagonisti del mio modo di pormi nei confronti delle altre donne.

Quella sera non riuscii a vincere quella battaglia. Mi presentai in prima serata su Rai Uno vestita solo di un costume da bagno, la fascia, la corona e lo scettro. Ma la guerra la vinsi io. Dopo mesi e mesi di proteste e di punti fermi, finalmente la

Miss Italia non doveva più presentarsi in TV o, peggio ancora, nei centri commerciali "svestita" del solo costume da bagno, ma esattamente come meglio si sentiva: in abito, pantaloni, minigonna o tailleur. L'importante era che l'immagine fosse curata; l'importante era che l'immagine fosse degna di una "regina": la reginetta della bellezza.

La mia battaglia è stata riconosciuta da tutte le Miss che seguirono, a cominciare da Tania Zamparo, Miss Italia 2000, che, la prima volta in cui avemmo modo di parlare, mi disse: «*So che è merito tuo se non lavoriamo più 24h in costume da bagno!*».

Mi ero fatta riconoscere molto presto. Il mio carattere era tanto amato quanto detestato dall'entourage del concorso di Miss Italia. Però ho costruito rapporti profondi e sinceri che vivono ancora adesso, a distanza di oltre vent'anni.

Come quando mi sostennero in occasione di un altro episodio accaduto a febbraio 2000 e legato al Festival di Sanremo. Una grandissima occasione per me!

Il conduttore del Festival di Sanremo 2000 era Pippo Baudo. Conobbi Pippo poche settimane dopo la mia elezione: ero stata invitata a uno dei suoi programmi di successo in prima serata su Rai Uno. Ricordo, come fosse ora, che in quell'occasione mi imposi sin da subito per poter indossare un abito e non un costume da bagno. Quell'abito era un sogno: un abito a sirena completamente ricoperto da paillettes color lilla, firmato Versace. Pippo Baudo fu positivamente colpito dal mio modo di essere, simpatica e molto poco *femme fatale*, anche se è molto più facile pensare questo a primo impatto. Non mi dimenticò, tanto che, quando fu chiamato a condurre il Festival di Sanremo l'anno successivo, chiese all'organizzazione di Miss Italia di potermi avere accanto a lui su quel palco così magico e prestigioso, per una sera o, almeno, per una parte di questa. Ma la sfortuna volle che proprio il giorno in cui sarei dovuta salire su quel palco, uno dei main sponsor del concorso, Cucine Berloni, aveva organizzato l'inaugurazione di quello che sarebbe stato il più grande punto vendita in Valle D'Aosta.

Chiesi di poter spostare di un giorno l'inaugurazione del punto vendita, in modo da poter partecipare al Festival di Sanremo. Quella vetrina, feci notare, era troppo importante, non solo per me, per la mia carriera ovviamente, ma anche per il concorso stesso, che iniziò quell'anno a vivere un momento difficile a causa di un altro concorso televisivo: Veline. Era sempre più forte la voce che girava secondo la quale il concorso di Miss Italia facesse lavorare nei centri commerciali o nei centri ingrosso e poco in TV; mentre Veline, nella realtà dei fatti, dava concrete possibilità di lavoro in televisione. Era questa la realtà. Cercai a gran voce di far capire che spremere come un limone una Miss Italia, facendola viaggiare in lungo e in largo per tutto il paese, avrebbe portato a un guadagno sul momento, ma dal punto di vista di immagine e, soprattutto, richiamo delle ragazze a partecipare, era assolutamente una mossa perdente. Il tempo mi diede poi ragione, perché, accanto al concorso *Veline* (quell'anno furono scelte Maddalena Corvaglia ed Elisabetta Canalis, appunto), arrivò l'era di internet, delle agenzie che ti offrivano lavoro reale, che non era fare foto accanto a banchi frigo o accanto a colonne di scatole contenenti intimo. Per non parlare poi di quando iniziarono a prendere piega in Italia i social network. Instagram arrivò in Italia circa dieci anni dopo e il concorso di Miss Italia, fermo e immobile nelle sue modalità, perse appeal e forza.

Tutto quello che sarebbe accaduto negli anni successivi di certo io non potevo saperlo. Non avevo la sfera di cristallo. Ma ero dentro una macchina pazzesca, una sorta di Ferrari, che, però, si ostinavano a guidare come se fosse a pedali, perché più sicura e anche certi che quei chilometri che si dovevano percorrere potevano bastare per il momento. Non so se qualcuno ha mai guardato oltre la *comfort zone* di Miss Italia, ma io ero consapevole che, per durare, bisognava dare un'immagine differente alla Miss Italia, più moderna e meno legata al guadagno immediato. Si doveva investire sull'immagine per far credere a chi avrebbe provato, negli anni successivi, a indossare quella corona, che ne valeva la pena.

Invece no. «No» fu la riposta che mi fu data alla mia richiesta di poter salire sul palco dell'Ariston e, magari, posticipare l'inaugurazione del punto vendita. Erano stati spesi già troppi soldi per la pubblicità e rimandare o anche solo spostare di un giorno l'evento, avrebbe arrecato troppi danni economici.

Non potevo crederci! Era un'occasione pazzesca! Unica per me... forse irripetibile. Così importante anche per l'immagine del concorso, eppure mi fu detto di no. Ammetto che una rabbia senza fine prese possesso della mia mente. Dissi loro che non mi sarei presentata a quell'inaugurazione e che avrei inviato un certificato medico. Nessuno credeva che lo avrei fatto perché conoscevano il mio modo di essere professionale, precisa e attenta, ma lo vissi come un torto personale talmente pesante che così feci. Non salii sul palco dell'Ariston ma non mi presentai neanche in Valle D'Aosta. Col senno di poi probabilmente non lo rifarei, non so, ma ero una ragazzina a cui veniva chiesto di agire e pensare come una donna. A volte funzionava, a volte no. Mi sentivo investita di una responsabilità troppo più grande di me e, in alcuni momenti, chiedevo solo di farmi continuare a sognare come una bambina. Poche volte fui ascoltata.

Difficile raccontare quell'anno così ricco di eventi. Quando mi fermo a pensarci, passo da ricordi talmente lucidi da sembrare accaduti pochi giorni prima a ricordi talmente offuscati da sembrare che non siano mai accaduti nella mia vita.

In tutto questo c'era un fidanzatino, Giovanni, mio collega universitario, che era molto orgoglioso di me. Sentivo che non sarebbe stato "per sempre", perché per quanto fosse il tipico ragazzo che tutte le mamme desidererebbero per le loro figlie, lui non era giusto per me. Era sempre così noiosamente d'accordo con me, era d'accordo anche sul fatto che, praticamente, non ci vedevamo mai a causa del mio ruolo di Miss Italia. Questo era obiettivamente surreale. In più, lui rappresentava la mia prima, vera e completa esperienza amorosa, ma era solo la prima. Era scritto che non sarebbe durato neanche un anno intero dal settembre del 1999. Me lo raccontavano tutti, a cominciare dai giornalisti e io, che all'inizio non volevo crederci perché ero diversa, ho dovuto accettare che non era così. E non perché fossi uguale a tutte le precedenti Miss Italia, bensì perché ero uguale a tutte le ragazze della mia stessa età, che avrebbero dovuto ancora "vivere e scoprire".

Scoprii molto poco da quel punto di vista in quell'anno così surreale, anche se ebbi modo di conoscere uomini, donne e ragazzi stupendi. Ma non era ancora arrivato per me il momento di vivere l'amore, il vero amore, chissà se poi "vero" può essere utilizzato riferendomi alla storia più importante che andrò a vivere un anno esatto dopo. Ricordo bene solo una cosa: pensavo che, a un anno di distanza dalla mia incoronazione, cedere il titolo di Miss Italia sarebbe stato doloroso e difficile. Ormai parlavo, pensavo, agivo e mi muovevo come una Miss Italia. Eppure quando nel settembre del 2000 fu eletta la nuova Miss Italia, io mi sentii libera. Fu come se avessi vissuto in un castello principesco pieno di luci, colori, rumori e voci; milioni di voci e milioni di ombre. Ma erano solo voci e ombre e io ero sola. Era arrivato il momento di varcare la porta di quel castello e camminare libera e, paradossalmente, non più da sola, perché ora che non ero più circondata da estranei e gente di passaggio, potevo finalmente scegliere chi avere accanto. Potevo finalmente ritrovare il calore della mia casa, della mia famiglia, i baci della buonanotte del mio papà, il profumo della pasta al forno della mia mamma la domenica mattina appena sveglia, lo shopping con le amiche. Avevo immaginato tutto questo, ma la mia vita era cambiata. Io non ero cambiata, era cambiato il modo in cui la gente mi guardava. E io non ho potuto far altro che adeguarmi per sopravvivere a eventuali delusioni che comunque sarebbero arrivate dopo poco tempo.

Deposta la corona, iniziò il nuovo ciclo della mia vita, fatto di case nuove, popolato da gente nuova e caratterizzato da porte chiuse in faccia, intervallate da grandi sogni e aspirazioni. Non avevo più una corona in testa, né un fidanzato, eppure avvertivo una grande responsabilità verso tutti i sacrifici che avevo fatto in quei lunghissimi 365 giorni e, pur ammettendo che avevo ancora molto da imparare, ero consapevole di avere già molto da raccontare.

Così, con questo spirito, nel settembre del 2000 lasciai Salsomaggiore in macchina con i miei genitori, sfogliando, nel viaggio di ritorno verso casa, una rivista di annunci di "affitto casa" a Roma.

Era quella la mia destinazione. Era inutile tornare alla mia vita precedente facendo finta di nulla e pensando che quell'anno da reginetta fosse stato solo una simpatica e folle parentesi. Ormai tutto quello che era accaduto tra il 1999 e il 2000 era dentro le mie vene. Era passato un treno e io avevo deciso di salirci su in corsa, nonostante corresse a folle velocità. Quella Manila aveva aperto l'anima alla vita che aveva sempre sognato, ci aveva lavorato e, ora, era giusto impegnarsi per proseguire. In molti, negli anni successivi, mi biasimarono per aver scelto di salire su quel treno, anziché fermarmi e magari continuare gli studi. Anche i miei genitori, quando mi videro soffrire per delusioni lavorative, più volte mi dissero: «*Avresti dovuto terminare gli studi*».

Sfido chiunque, trovandosi al mio posto, a fare una scelta differente da quella che ho fatto io.

I sogni nascono, sono dentro di noi per essere alimentati e seguiti. Senza sogni la nostra vita sarebbe piatta e senza linfa vitale. Ci ho provato e lo faccio tuttora con tutta me stessa, perché non ho ancora smesso di sognare. Io non sono cambiata: questa sono e questa era la bimba cresciuta a Foggia a casa dei nonni Irma e Gaetano, indossando le scarpe con il tacco alto della zia Anna. Questa era la ragazza che studiava Medicina con impegno e dedizione, preparando torte in compagnia delle sue amate Suore Orsoline, nel tempo libero. Questa era la ragazza che in una notte di settembre divenne donna all'improvviso. Io sono sempre la stessa e con la mia "capatosta", come mi definivano i giornalisti dell'epoca, non ho mai prestato il fianco alle delusioni e alla sofferenza. Anche se in alcuni momenti della mia vita è stato particolarmente difficile non mollare e arrendersi, non l'ho fatto e qui vi racconto che chiunque può farcela.

Così, libera da costrizioni e obblighi e di nuovo piena di energia e sorrisi, mi trasferii a Roma, dove sarebbe cominciata la mia nuova vita.

Una famiglia tutta mia

Ci impiegai davvero poche settimane per trovare una prima sistemazione a Roma.

I miei genitori pensavano che sarebbe passato un po' di tempo prima di trasferirmi in un'altra città, ma io ero un fiume in piena. Certo, anche a me sarebbe piaciuto da morire tornare nella mia calda e accogliente casetta di Foggia, circondata dai profumi e dagli abbracci delle persone che mi amavano, ma non era ancora il momento. Il ferro si deve battere quando è caldo e per me, in quel momento, era rovente, esattamente come la fiamma che mi ardeva dentro. Avevo mille idee, mille progetti e soprattutto mille sogni che dovevo inseguire. Avevo anche la libertà ora, passando da un'educazione talmente rigida, tale che non mi era permesso uscire da sola la sera con le amiche o al massimo tornare a casa entro le 21:00, a girare mezzo mondo praticamente da sola, in compagnia della mia valigia e di una corona. Avevo vissuto praticamente un anno in balia dei progetti e delle idee altrui, in una sorta di castello di vetro, e ora era il momento di decidere con la mia testa e con il mio umore; di assumermi le mie responsabilità e dimostrare che era davvero quella la strada giusta per me. Ciò avrebbe significato accantonare i miei amati libri di medicina ancora per un po'. Questo mi ero ripromessa: sarebbero stati ancora pochi mesi di pausa e poi sarei tornata ad attraversare i reparti dell'Università di Medicina di Chieti. Ma i mesi passarono, così come gli anni. Arrivarono viaggi e ancora altri viaggi e lavoro, TV e anche teatro e riprendere gli studi diventerà sempre più complicato, tanto che, a un certo punto, decisi di abbandonare il sogno della laurea, con grande dispiacere dei miei genitori che, per quei trenta esami e anni di studio, avevano fatto tanti sacrifici. Fu una grande delusione per loro. Decisi di renderli orgogliosi in altri campi.

Quella casetta, la prima casetta che trovai a Roma, era davvero piccola. Scarsi 25 mq: salone e cucina assieme, un bagno minuscolo e una camera da letto che accoglieva un letto singolo. In confronto, la mia camera nel collegio delle Suore Orsoline sembrava una reggia e se pensate che la mia mamma pianse quando mi lasciò la prima volta in quel collegio, immaginate un po' la sua reazione quando visitò quella casa a Roma! La visse come una tragedia, anche perché c'era il dettaglio che avrei dovuto vivere da sola in un appartamento al piano rialzato di un palazzo con vista Tevere, in una città enorme dove io non avevo amici. Eppure io non avevo nessun timore, forte di quella libertà che mi faceva sentire invincibile. Quello fu il momento in cui acquistai la mia prima macchina: una Micra di seconda mano. Avevo la patente ma non avevo mai guidato e, quindi, mi serviva una macchina con cui fare pratica nel traffico romano, che divenne subito piuttosto familiare, fortunatamente. Ebbi bisogno di un po' più di tempo per imparare a parcheggiare, cercando, i primi tempi, parcheggi dimensione camion! (Che imbranata!).

Ero entusiasta di tutto e galvanizzata dal nuovo che mi circondava, nonostante venissi da un anno straordinario. La macchina era indispensabile per raggiungere la scuola di dizione e recitazione che si trovava dall'altra parte della città e io non potevo assolutamente muovermi con i mezzi pubblici. L'anno appena trascorso mi aveva donato una sovraesposizione straordinaria (la serata finale con la mia incoronazione toccò uno share pari al 59%, una cifra spaventosa alla luce dei dati odierni) e di conseguenza muovermi da sola era decisamente complicato.

Così iniziai questo corso di dizione e recitazione con una ragazza che non conoscevo, mandata a studiare con me dal nostro comune agente, il mitico Fernando Capecchi. Ebbene, quella ragazza che si chiama Manuela, nata nel mio stesso giorno e stesso anno, così simile a me per mille sfaccettature, divenne la mia prima amica "romana" (sebbene fosse romagnola) e, con il tempo, la mia vera grande amica. Ventidue anni di amicizia e condivisione di momenti belli, di vacanze assieme, ma anche di dolori e delusioni. Il mio punto di riferimento qui a Roma, cercando di abitare sempre vicine e, ora, addirittura nello stesso palazzo, lei al terzo piano e io al quarto, sebbene poi gli amici divennero sempre più numerosi col tempo, rappresentando una sorta di famiglia, avendo la mia lontana.

Il primo anno successivo a quello straordinario da Miss Italia fu un altro anno incredibile. Nonostante non fossi la reginetta in carica, ero richiesta da tantissime trasmissioni televisive. Ma sapevo che avevo bisogno di un po' di tempo per studiare e preparami, tanto che nei primi tempi, studiando, scoprii la magia del teatro. Il teatro di Čechov, di Ibsen, in un primo tempo, per poi dedicarmi a commedie più leggere, lavorando accanto a Gianfranco D'Angelo, Salvatore Marino fino ad arrivare sul mitico palco del *Bagaglino*, diventando, nel 2009, una delle primedonne del regista Ninni Pingitore nello spettacolo teatrale e televisivo più famoso dell'epoca.

Ma di cose ne sono successe nel frattempo nella mia vita personale, perché in tutto questo io non ero più fidanzata con il mio collega universitario Giovanni (storia già terminata durante l'anno di Miss Italia, a causa della lontananza, ma non solo) e, a parte qualche flirt senza alcuna importanza, di cui ora faccio fatica anche a ricordare, ero assolutamente concentrata sul lavoro che amavo e che avevo scelto contro tutto e tutti. Ma non dimentico che arrivo da una famiglia bellissima, dove ha sempre regnato l'amore e il rispetto. Una mamma dedita ai suoi figli, un papà che ha lavorato ogni santo giorno della sua vita per non farci mancare nulla e permetterci di studiare e diventare persone perbene, e io e mio fratello Gianni, lui più grande di me di tre anni, così diversi per caratteri e attitudini ma così legati da un amore viscerale. Così quello di una famiglia tutta mia fu sempre un dolce pensiero che cullavo dentro di me nonostante avessi appena ventitré anni. Di lì a poco, nell'agosto del 2001, conobbi Francesco, colui che, nel 2005, sarebbe diventato mio marito.

Successe tutto il 5 agosto del 2001. Mi trovavo in Puglia, a Porto Cesareo, Salento, per presentare, come ormai era mia consuetudine, un evento sulla spiaggia. Si trattava di Miss e Mister Tabù, dal nome di uno dei lidi più in voga in quel periodo, e io avrei dovuto presentare la serata che, ovviamente, prevedeva anche una giuria. In quella giuria c'era Francesco Cozza, calabrese, alto, moro e occhi azzurri, bellissimo calciatore che militava nella Reggina Calcio, ma molto legato a quella terra avendo giocato diversi anni nel Lecce. Ricordo la sua gentilezza nel farmi sedere, appena arrivata sul posto, per la lettura della scaletta (erano previsti centinaia di spettatori) e i suoi occhi addosso perennemente. In realtà, anche io lo guardavo con insistenza, assicurandomi di non essere scoperta. Fu un colpo di fulmine per me e, con i giorni che seguirono, capii che lo fu anche per lui nello stesso istante. Per quanto non volessi cadere nel solito stereotipo Miss e calciatore, tra l'altro molto frequente in quegli anni, dovetti ammettere che c'era qualcosa di diverso adesso dentro di me. Chiacchierammo un po' e scoprii che anche lui avrebbe preso un volo per Roma per tornare poi a Reggio Calabria, solo che il mio sarebbe partito nel tardo pomeriggio e il suo la mattina presto. Approfittando di una voce che riguardava un'eventuale cancellazione del mio volo, chiesi all'organizzazione di anticiparmi il volo diretto a Roma, certa che avrei incontrato lui lì in aeroporto il giorno dopo. La sera, finito il lavoro, ci salutammo dicendoci: «*Allora magari domani ci becchiamo in aeroporto a Brindisi!*».

Io spostai il volo ma lui, avendo saputo del mio cambio orario di partenza, fece un cambio posto, scegliendo il corridoio centrale per sedersi accanto a me. Non parlammo quasi per niente il giorno dopo, perché da parte mia c'era un misto di imbarazzo e stanchezza causata dalla serata precedente; da parte sua, tanta timidezza. Eppure, rea la stanchezza, a un certo punto durante il volo poggiai la testa sulla sua spalla e mi addormentai. E fu bello. Mi sentivo bene, mi sentivo serena e stranamente appagata. Una sensazione mai provata prima e, forse, ero già innamorata.

Atterrati a Roma, lui mi disse: «*Chiamami se ti va!*».

Gli risposi: «*Questo è il mio numero. Chiamami tu magari!*».

Volevo capire se da parte sua ci fosse vero interesse.

Da vero predatore, con tattica, aspettò qualche giorno prima di chiamarmi. Uno penserebbe che l'avrebbe fatto non appena atterrato a Reggio Calabria, invece no. Mi telefonò tre giorni dopo. Ero in palestra ad allenarmi, mi squillò il telefono, numero sconosciuto. Io non pensavo, sinceramente, lui mi chiamasse più, così abituata a essere continuamente cercata e tartassata dagli uomini che mi conoscevano. La sua era una tattica e funzionò, perché appena sentii la sua voce inciampai sul tapis roulant. Ecco che quel senso di imbarazzo che non mi apparteneva mi travolse di nuovo. Mi disse: «*Pensavi che non ti avrei chiamata, vero?*». Aveva ragione ma non gliela diedi vinta.

Era l'8 agosto 2001 e, da quel giorno, ci chiamammo per un mese intero senza mai incontrarci a causa dei miei impegni professionali e dei suoi impegni calcistici (erano ricominciati gli allenamenti in vista del campionato e della Coppa Italia).

Ricordo la telefonata del 10 agosto, notte di San Lorenzo, la notte delle stelle cadenti. Mi chiamò dicendomi di non riuscire a vedere neanche una stella.

Io: «*Perché? È nuvoloso?*».

Lui: «No. *Perché la mia stella è al telefono con me ed è a Roma*».

Mi sciolsi, avevo il cuore a mille. Non lo avevo mai più incontrato dalla mattina del 6 agosto su quel volo per Roma, eppure mi sembrava di conoscerlo da sempre. È questa sensazione la cifra che mi ha permesso di riconoscere l'Amore nella mia vita. Non mi accadde più da allora fino a quando la mia strada incrociò quella di Lorenzo. Ma questo accadrà molti anni dopo.

La storia tra me e Francesco iniziò ufficialmente a fine agosto, quando una notte, al termine di una partita giocata a Lumezzane, provincia di Brescia, lui si fece portare da un taxi in Toscana, in una località vicino Pisa, dove io mi trovavo per presentare la finale di Miss Toscana.

Potete mai immaginare la faccia del tassista quando gli fu chiesto alle 22:00 di accompagnare un ragazzo in una località a 350 km di distanza? Non ho mai saputo quanto spese, so solo che lo aspettai davanti all'hotel in cui soggiornavo fino alle tre di notte e quando arrivò non ci staccammo più. Eravamo follemente innamorati.

Nel frattempo lasciai la casetta vista Tevere, troppo piccola evidentemente, e comprai il mio primo appartamento nella zona di Monte Mario. Fu il primo grande acquisto fatto con i soldi guadagnati durante l'anno di Miss Italia, macchina a parte, che, però, non fu una spesa importante. Non era molto grande, ma sicuramente più confortevole della precedente e lì andai a vivere con Nila, la mia piccola pincher marroncina, il primo regalo che mi fece Francesco e mia fedele amica fino ad aprile 2020, quando morì lasciando un vuoto immenso nella mia vita e in quella dei miei genitori. Del mio papà, soprattutto, che la accudì negli ultimi anni, quando, troppo impegnata tra lavoro e bambini e da sola, la portai per un periodo a casa dei miei genitori, da cui, poi, non se ne volle più andare, diventando la compagnia più dolce e solare che potessi regalare loro.

Quattro anni di fidanzamento, prima di decidere di sposarci. Furono quattro anni di amore e passione. Non avevo alcun dubbio: per lui avrei anche momentaneamente abbandonato il sogno di una vita a Roma, di un lavoro che mi rendesse indipendente. Per lui mi sarei traferita a Reggio

Calabria, pur di stargli accanto. I miei genitori non erano completamente d'accordo e mi spronarono a mantenere sempre un contatto, un filo legato alla mia vita romana e, soprattutto, al mio lavoro, che fortunatamente non abbandonai mai in maniera completa.

Viaggiavo di frequente tra Reggio Calabria e Roma, per quanto la prima fosse una città che amai sin da subito e dove trovai amici che tuttora, a distanza di tempo e nonostante gli eventi successivi, mi sono accanto e a cui voglio un modo di bene. Tra questi c'è Elisa, una donna pazzesca, forte e simpatica, con cui condivisi la mia storia personale perché simile, per molti aspetti, alla mia. Lei, amica storica di Francesco, nel momento peggiore della tempesta che ho vissuto, mi stette accanto, scegliendo la nostra amicizia rispetto a quella sua con Francesco. Questo, il mio ex marito non glielo perdonerà mai. Io le sarò grata per sempre, perché se ho scoperto le bugie fu merito suo. È anche merito suo se sono uscita da un tunnel buio e ho cominciato a vivere una vita nuova.

Il primo episodio strano riguardo la nostra storia d'amore accadde a ridosso del nostro matrimonio, che si celebrò il 28 giugno 2005. Lui ha sempre alternato momenti di grande solarità a momenti di grande cupezza, solo che questi ultimi si accentuarono a febbraio/marzo del 2005 quando, dopo un litigio, mi disse che non era sicuro di volermi sposare.

Mi crollò il mondo addosso! Difficile spiegare davvero fino in fondo la sensazione che provai in quel momento. Ero innamorata e super assorbita dall'organizzazione di un matrimonio che si prospettava impegnativo anche per l'esposizione mediatica. Era già tutto pronto, anche perché in quel periodo Francesco giocava nella squadra del Siena Calcio e io vivevo tra Roma e Siena e, allo stesso tempo, stavamo organizzando il matrimonio a Reggio Calabria, città che avevamo scelto di comune accordo, nonostante la tradizione voglia che il matrimonio avvenga, di solito, nella città natale della sposa. Ma io amavo Reggio Calabria, la gente, i colori e il suo mare. Non avrei mai desiderato un'altra location per quello che sarebbe dovuto essere il giorno più bello della mia vita.

Quando Francesco mi comunicò che non era così certo di volermi sposare, fu un colpo al cuore per me. Non capivo cosa fosse accaduto e non l'ho mai saputo, tanto che questo episodio rientra nei tanti accaduti poi negli anni successivi, strani e senza una motivazione, che resta ancora oscura per me. Ma una ragione esiste sempre per tutto.

Non lo raccontai a nessuno. Mi vergognavo e mi sentivo in colpa verso i miei genitori, che già amavano quel ragazzo come un figlio. Lui non mi parlò per giorni, usando come scusa la preoccupazione per la sua mamma che sembrava non stesse benissimo, anche se a me questo non risultò mai. Questo episodio, che mi tagliò letteralmente le gambe, era già un segnale che ho tradotto chiaramente solo tanti anni dopo: Francesco non amava me in quanto Manila, sua futura moglie e magari madre dei suoi figli, ma amava il personaggio e l'interesse intorno a noi. Lui era abituato a essere una primadonna nel suo ambiente, come capita a tanti sportivi, solo che a un certo punto, quando le luci si spengono, devi saper andare oltre il personaggio, capire qual è la vita vera e iniziare a lavorare sodo affinché tutto ciò che hai seminato dia i primi frutti. Non sei più una primadonna ma sei un uomo che ha accanto una donna con cui hai costruito una famiglia. Questo non avvenne.

Ma io non colsi quel segnale, sbagliando, e aspettai, chiusa nel mio dolore, che i giorni passassero pregando che lui si rendesse conto di quanto fossi importante per lui. Ero così ingenua e mi dicevo che erano cose che capitavano, perché gli uomini sono diversi dalle donne e più restii a prendere impegni duraturi, ma sbagliavo ancora una volta, perché gli uomini non sono così diversi dalle donne, perché se c'è il sentimento non esiste il dubbio e il coraggio di fare passi importanti arriva sempre.

Un tempo giustificavo tutto in nome dell'amore e della famiglia. Poi quel tempo è terminato anche per me e, da lì, ripresi in mano la mia vita.

Dopo molti giorni Francesco tornò, mi chiese scusa e ricominciammo come se non fosse mai accaduto nulla per me. Avevo dimenticato tutto all'istante, perché innamorata persa, ma col tempo anche l'amore cambia e, stanca di questi atteggiamenti così frequenti, la mente ritornò lucida e obiettiva a tal punto che partì una rivoluzione nella mia vita che, chiaramente, travolse anche la vita di Francesco.

Ci sposammo. Ho ricordi bellissimi di quel giorno, intervallati da altri un po' meno belli che mi riportano all'atteggiamento di colui che divenne, quel giorno, mio marito ma troppo preoccupato a ricevere più complimenti della sposa. Ancora una volta non mi resi conto che era un atteggiamento sbagliato, giustificandolo più con gli altri che con me stessa, rispondendo che lo faceva solo per essere simpatico.

Circa un anno dopo, il 6 luglio 2006, nacque a Foggia il nostro primo figlio, Francesco Pio, chiamato così per la mia devozione verso Padre Pio. Così cercato e desiderato, divenne il senso di tutta la mia esistenza sin da subito. Mi ritrovai spesso sola a crescere questo bimbo, nottate trascorse in piedi cullandolo, con il solo aiuto dei miei genitori, che non mi lasciarono mai da sola, permettendomi di continuare a lavorare. Non c'è cifra sufficiente che renda l'idea di quanto debba ai miei genitori che, a loro insaputa, hanno permesso che mi salvassi nel momento peggiore della mia vita, in cui dovevo anche lavorare e stare accanto ai miei figli. Nonostante Francesco Pio fosse piccolissimo, tornai in teatro, in tournée con Gianfranco D'angelo. In sostanza, quindi, mio figlio è letteralmente cresciuto i primi tempi con me e i miei genitori. Francesco, mio marito, continuava a giocare a calcio in giro per l'Italia. Lui non mi chiese mai di seguirlo, perché, fondamentalmente, vivere da solo, senza inseguire i ritmi di un bimbo piccolo è molto più semplice per tutti, direi. Ma l'idea della famiglia non può essere concepita e basata sulla lontananza. Così decisi di lasciare il mio lavoro, anche se saltuario, per trasferirmi a Siena. Non fu facile per me tornare a lavorare dopo la gravidanza. Quando ti fermi per così tanti mesi, nel mio ambiente, rientrare equivale quasi a un miracolo, perché una donna con un bimbo piccolo ha molti limiti per orari e disponibilità. Eppure ero riuscita a rientrare in TV, con qualche ospitata e partecipazione a programmi televisivi.

La permanenza di Francesco a Siena durò pochi mesi e subito rientrò a Reggio Calabria. Lo seguii anche lì, fino alla mia partecipazione allo spettacolo teatrale e televisivo del *Bagaglino*. Era il 2009. Il gossip impazzò in quel periodo, tanto da inventare una "storia" tra me e Andrea Roncato, amico da anni. Lui mi credette e fece bene. Entrammo in crisi, ma, innamorati, la superammo. Non volevo stare a Roma, lontana da lui, e volevo che nostro figlio crescesse col papà; ma a Reggio Calabria, in quella bellissima villa con panorama sull'Etna, io ero sempre sola. Mi sentivo sola. Avevo Elisa accanto a me e Marina, la mia vicina di casa e dolce amica. Però a me mancava il mio lavoro e la mia sensazione di indipendenza. Soffrivo e, forse, Francesco ha sempre interpretato male il mio malessere. Ho imparato ad aprirmi con chi mi sta accanto solo col tempo e solo con chi ha saputo leggere la mia anima. Il senso di pudore e di orgoglio che mi appartiene da sempre ha creato una corazza attorno a me, fino a quando un uomo è riuscito a spaccarla. Quell'uomo, però, non era mio marito.

Quell'uomo è Lorenzo.

Nel dicembre del 2011 nacque Nicolas. Come tutte le donne innamorate feci l'errore di pensare che un figlio ci avrebbe unito e non allontanato. Forse ho sbagliato, ma rifarei esattamente tutto ciò che ho fatto. Anche se l'impegno per me diventava doppio, nacque la seconda ragione della mia vita, ciò per cui riesco a lottare ogni singolo giorno, ciò che mi dà idee per reinventarmi in momenti difficili, ma, soprattutto, ciò che mi ha permesso di salvarmi qualche anno dopo.

Ho dato la vita a Francesco Pio e Nicolas, ma loro me l'hanno restituita quando avevo perso ogni speranza.

Dopo la nascita di Nicolas tornai a Roma, non sapendo che a Reggio Calabria non avrei vissuto più.

Per molti anni la nostra storia scorse serena e felice. Quando adesso qualcuno mi chiede perché ci sposammo, io rispondo sempre, senza ombra di dubbio: «*Perché eravamo innamorati!*».

Io non so se le persone cambiano. A volte penso che le persone non cambino, ma è il modo in cui le guardiamo noi che cambia (come successe per me, dopo la vittoria di Miss Italia); altre volte penso che forse sì, le persone possono cambiare.

Gli eventi, le difficoltà, i dolori, le cadute, così come le vittorie, tutto può intaccare l'anima. Sta a noi reagire positivamente, non arrendersi e soprattutto lottare per chi ci ama e ci sta accanto. Questa è la mia filosofia. Qualcosa, col tempo, intaccò la personalità di Francesco che cambiò e io, forse, presa dal mio ruolo di mamma e lontana, non riconobbi. Lui nascose bene e io non mi accorsi mai di niente. Non sono stata una moglie perfetta, neanche una mamma perfetta, sempre immersa nella preoccupazione di far crescere i nostri figli in maniera sana e serena, come lo ero stata io, forse ho sbagliato più volte, ma non ho il rammarico di non aver provato a salvare il nostro matrimonio. Ad un certo punto anche io ero troppo stanca, così umana per quanto tentassi di apparire agli occhi di tutti come una sorta di *wonder woman*. Ero solo una donna a un bivio: lottare da sola per salvare una storia in cui l'altra persona non ci credeva più oppure unire le energie per far crescere i miei bimbi in un ambiente sano e sgombro di nubi. Scelsi la seconda opzione e in quel preciso istante realizzai che stavo lottando da sola, che non ne valeva più la pena e il nostro matrimonio finì.

Ormai troppo distanti e quasi sconosciuti, quando ci incontravamo eravamo come due estranei. Non so se mi tradì. Ma io iniziai a non pensarci più e quasi a fare scivolare via ogni cosa. Erano solo voci per me e lui, all'inizio, era bravo a rassicurarmi. Poi, anche su questo cambiò ed era così sfuggente in tutto. Le bugie erano diventate sempre più numerose, vivevo in uno stato continuo di incertezza. Non sapevo più lui dove fosse quando non rispondeva al telefono e con chi fosse. Dovevo crescere i miei bimbi, ero sola a Roma e iniziavo a non stare molto bene. Non sapevo che a breve avrei dovuto affrontare uno dei momenti più terribili della mia vita.

Cadere per poi rialzarsi

Era appena iniziato il 2014. È questo l'anno nero. Ma facciamo qualche passo indietro.

Tra alti e bassi nella mia storia d'amore con Francesco e il lavoro che faticava ad arrivare dopo lo stop per la nascita di Nicolas, nel dicembre del 2011 iniziai a stare poco bene. In realtà si alternavano momenti in cui mi sentivo fiacca e debole a momenti in cui, al contrario, ero, come spesso si dice in questi casi, "a palla!". Una sensazione strana perché fondamentalmente, nella maggior parte del tempo, mi sentivo energica e forte, nonostante dormissi poco, mangiassi ancora meno e facessi mille cose al giorno. Certo, i miei occhi erano strani, molto spesso gonfi e non solo appena sveglia, ma anche durante il giorno. Erano quasi tondeggianti. Ma non mi allarmai subito, anche se la mia mamma, che mi conosceva molto bene, una volta, dopo un'ospitata televisiva, mi chiamò e mi chiese se avessi dormito.

Mi disse: «*Manila, amore di mamma, ma stai bene? Oggi in tv ti ho visto stanca, sciupata e i tuoi occhi strani, gonfi. Hai per caso pianto?*». Le risposi di stare tranquilla, perché, al contrario, mi sentivo molto energica.

Come potevo mai immaginare che una malattia si stava facendo spazio nel mio corpo se, in realtà, io mi sentivo bene? Nell'immaginario collettivo se sei malata in qualche modo stai male o, per lo meno, un sintomo almeno lo avverti. Nel mio caso non era così. Certo, era ufficialmente iniziato il periodo di lontananza perenne da mio marito, non ricordo neanche più se giocasse ancora o allenasse qualche squadra in giro per l'Italia, tanto cambiava poco, ero sempre sola con i miei bimbi ed ero spesso stanca e in affanno. Non avevo mai tempo per me, non avevo tempo per curarmi e non avevo tempo per farmi un controllo, ma, a un certo punto, il corpo ci invia dei messaggi, solo che noi siamo spesso troppo assorbiti dalla quotidianità frenetica e dallo stress che ne deriva, così siamo distratti e quei segnali non li avvertiamo, non li vogliamo avvertire. Perché non si ha mai tempo e ci sono mille altre priorità prima della salute. Questo fu il mio errore e lo racconto sempre da quel giorno, perché questo è l'errore che fanno in tanti e, a volte, il tempo guadagnato si traduce in guarigione, in vita. La prevenzione è ormai parte della mia quotidianità e del mio modo di pensare, ma prima di arrivarci ho fatto un grande errore che, sul momento, mi costò tantissimo in termini di salute e felicità. Poi, grazie alla mia testa e alla professionalità dei medici del Gemelli, la struttura ospedaliera che mi ha tenuto in cura, dopo quasi un anno dall'intervento ho ricominciato a star bene.

Proprio strana la vita, perché ti fa sentire in un attimo invincibile e indistruttibile, ma un attimo dopo così debole e piccola in confronto agli eventi. E questi poi sopraggiungono quando meno te lo aspetti, come ogni cosa della vita dopotutto, e quando meno dovrebbero arrivare perché hai altre priorità.

Continuavo a dimagrire a vista d'occhio e nonostante questo mi sentivo bene, tanto da voler ricominciare a frequentare la palestra. Così andai dal mio dottore di famiglia per farmi scrivere un semplice certificato medico che mi autorizzasse all'attività fisica non agonistica. Arrivata lì lui mi guardò e mi disse: «*Guardi, io non posso autorizzarla all'attività fisica perché lei ha un ingrossamento della tiroide che non mi piace proprio*». Sul momento non capii molto. Certo, avevo questi occhi così strani, sempre perennemente stanchi e qualche difficoltà a deglutire, ma continuavo a far finta di nulla. Quel giorno andai via un po' delusa, promettendogli che avrei fatto dei controlli più specifici, in particolare avrei controllato gli ormoni tiroidei, cosa che non avevo mai fatto precedentemente.

Ho studiato medicina e durante i miei studi avevo imparato l'importanza di questa piccola ghiandola che abbiamo nel collo, che controlla molte cose: dal metabolismo basale all'attività cardiaca, così come il nostro equilibrio ormonale e, infine, anche semplicemente il nostro umore. Avevo studiato e conoscevo perfettamente ogni singolo equilibrio interno regolato da questa ghiandola, piccola come una noce, ma così importante. Eppure non ne capii realmente l'importanza fino a quando scoprii la malattia che mi aveva colpito.

Ricordo perfettamente il momento in cui realizzai che qualcosa non andava bene. Era marzo 2014, era notte e mi ero addormentata da poco (come vi raccontavo, dormivo davvero poco), quando, all'improvviso, sentii nelle orecchie il mio cuore battere forte come un tamburo impazzito. Una sensazione terribile e mai conosciuta prima d'ora. Sembrava quasi che il cuore fosse sul punto di scoppiare tanto che batteva forte, all'impazzata. Saltai in piedi, tremavo e sudavo. Gli occhi sbarrati e ancora più strani, mi guardai allo specchio e, nel silenzio di quella notte, non mi riconoscevo più. Solo allora realizzai che non ero così forte e vigorosa come pensassi e che qualcosa dentro me non era come prima. Se chiudo gli occhi riesco a rivivere perfettamente quei momenti, perché, dal giorno dopo, la mia vita in qualche modo iniziò a cambiare nuovamente. Di lì a poco, avrei iniziato la battaglia contro una malattia mai sentita nominare prima che colpisse me.

La mattina seguente, con in mano la prescrizione del medico di famiglia con quegli esami specifici, andai in un laboratorio di analisi richiedendo i valori degli ormoni T3, T4, TSH ma soprattutto gli anticorpi Anti-TSH. C'era la possibilità che la mia tiroide fosse impazzita realmente da un momento all'altro considerando che, fino a pochi mesi prima, anche l'ecografia tiroidea raccontava di una ghiandola un po' infiammata ma capace di lavorare normalmente. Qualcosa in quei mesi era accaduto. Il mio matrimonio, dopo la nascita del piccolo Nicolas, viveva di alti e bassi molto repentini. Mio marito era sempre in giro, poco presente a Roma e io ero spesso in affaticamento. Ero, in pratica, sempre sola a Roma con i bambini che, essendo molto piccoli, erano decisamente impegnativi, come ogni bimbo della loro età. Cercavo di fare acrobazie per tentare di ritornare ad avere una stabilità nel mio lavoro, ma era tutto sempre più difficile. I giorni passavano e io iniziavo a essere sempre affaticata e stanca. Quella sensazione di energia e vigore, che mi aveva accompagnato fino a qualche settimana prima, non esisteva più. Avevo difficoltà anche a fare due scale, per non parlare di alzarmi dal letto la mattina, mentre la notte faticavo ad addormentarmi. Era un gatto che si mordeva la coda mentre, nel frattempo, i miei occhi, sempre più tondi e gonfi, iniziavano a non sopportare più neanche le lenti a contatto. Erano così asciutti che, nel momento in cui cercavo di inserire la lente a contatto, era come se cercassi di inserire un pezzo di vetro.

Dopo quasi una settimana arrivarono finalmente i risultati delle analisi che avevo richiesto. Fu spaventoso leggere quei numeri. Nei giorni precedenti avevo cercato e letto molto sulle possibili patologie che potevano colpire la tiroide. Ce n'era una in particolare, i cui sintomi erano molto simili ai miei, le cui immagini mi spaventarono tantissimo: il Morbo di Basedow, una malattia autoimmune che comporta l'esoftalmo, ossia la fuoriuscita dei globi oculari. Era esattamente ciò che stava succedendo a me e quelle immagini, quei visi di uomini e di donne con quegli occhi a tratti mostruosi, mi impietrirono completamente.

I risultati degli esami degli ormoni tiroidei che avevo richiesto furono solo una tremenda conferma: gli ormoni T3 e T4 erano schizzati a cifre disumane, mentre il TSH era praticamente sparito, quasi a zero. Questo perché la tiroide, senza alcun motivo reale, aveva iniziato a produrre anticorpi contro il suo stesso ormone, il TSH. Quest'ultimo ha la funzione di mantenere stabile il livello degli altri due ormoni, T3 e T4. Quindi nel momento in cui il TSH si azzera, T3 e T4 schizzano a valori anormali e pericolosi per la salute. Si tratta di una vera e propria malattia autoimmune, di cui, come tutte le malattie autoimmuni, non si sa ancora molto, ma soprattutto si ignora il motivo per cui possano nascere e capitare. Si dice un forte stress, si dice che qualsiasi tipo di trauma, ovviamente anche psicologico, così come fisico o ormonale, possa favorire la nascita di una malattia autoimmune. Ero malata, gravemente malata, del Morbo di Basedow, con un esoftalmo piuttosto avanzato che iniziava a crearmi anche problemi di vista. Il mio cuore, super stimolato dalle quantità anomale di T3 e T4, iniziò a battere sempre più forte, provocandomi una tachicardia perenne e ingrossamento dello stesso organo. Non funzionava più nulla così come sarebbe dovuto essere: ero stanca, affaticata, magrissima, con gli occhi sempre più estroflessi dal mio viso e ormai irriconoscibili. I miei occhi, quegli occhi che avevano incantato un intero paese facendomi vincere il concorso di Miss Italia, non erano più riconoscibili. La mia mamma aveva capito e visto qualcosa prima di chiunque, nonostante non fosse accanto a me. Mi sentii spaesata come mai nella mia vita. Leggevo di radioterapia, di asportazione della ghiandola ma che i miei occhi potessero tornare esattamente come prima no, non leggevo nulla. Quelle immagini che si aprono su Google quando digiti Morbo di Basedow rimbalzavano nella mia mente. Quel gonfiore, che un semplice ma attento dottore di famiglia aveva notato immediatamente, era il cosiddetto "gozzo" che, ogni giorno di più, non mi permetteva di deglutire con facilità anche un semplice sorso d'acqua. Era come avere in gola un fazzoletto che ostruiva il passaggio di cibo e bevande. Sembra incredibile pensare che tutto questo sia accaduto nel giro di poche settimane e che le cose possano precipitare senza neanche avere il tempo di realizzare che stiano accadendo.

Lo racconto perché la vita così strana, incredibile e bella, può cambiare all'improvviso e noi abbiamo il dovere di viverla pienamente in ogni istante. In quei momenti ho rivisto gli occhi e la sofferenza di mia cugina Roberta che, però, non ha avuto un'altra possibilità dalla vita. Vivendo quei momenti ho realizzato quanto, all'improvviso, le cose possano cambiare. Ho realizzato che, quando non troviamo tempo per noi stessi, accade che la vita ti chieda di fermarti senza se e senza ma. Devi fermarti, perché non sei più capace di fare anche un solo altro passo.

Iniziai a cercare specialisti della tiroide che mi potessero aiutare a stare meglio, a capire cosa fare, quale potesse essere la terapia giusta e, soprattutto, a curare l'esoftalmo che peggiorava di giorno in giorno. Ricordo di un'unica uscita mondana che feci in quel periodo. Era per una prima teatrale e, nonostante non mi sentissi pronta per uscire, decisi di farlo comunque.

Il giorno dopo furono pubblicate le classiche foto dell'evento su vari siti che si occupano di costume e società e lì, sotto una mia foto, decine e decine di commenti che riguardavano il mio aspetto, il mio viso: «*È brutta. È grassa. Ha gli occhi a palla, come quelli di un pesce. Andasse a dormire. Come ha fatto a vincere* Miss *Italia?*». Proprio così, della splendida Miss Italia era rimasto ben poco. Il mio viso era trasformato e irriconoscibile. Decisi, allora, di non uscire più. Quei commenti facevano male perché io stavo male, ma la gente non lo sapeva. Siamo tutti così leggeri quando scriviamo commenti o magari raccontiamo di persone di cui non sappiamo nulla. L'ho imparato sulla mia pelle che queste cose fanno ancora più male se si ha la consapevolezza di essere malati e non sapere cosa fare. Queste cose facevano male anche a una donna come me, strutturata, forte e determinata ma umana, come tutte, e quindi bisognosa di non essere sempre giudicata e di non sentirsi sempre sotto esame. Ma questo viene chiesto praticamente a tutte noi che decidiamo di fare questo lavoro.

Dopo vari consulti arrivai anche a Pisa, dove c'è un centro specializzato per la cura delle malattie della tiroide. Il mio esoftalmo avanzava e forse solo l'asportazione totale della ghiandola avrebbe potuto interrompere il suo decorso, ma nessuno voleva operarmi. La mia tiroide era ormai troppo grossa e letteralmente agganciata alle corde vocali. L'operazione era troppo pericolosa perché il rischio di lesionare un nervo delle corde vocali era davvero alto e, quindi, mi consigliarono, nel corso di vari consulti medici, di iniziare un percorso di radioterapia per tentare di rallentare e smorzare l'iperattività della tiroide. Purtroppo però non era la soluzione giusta per me, perché nel tempo in cui la radioterapia avrebbe fatto effetto (si parlava anche di anni), l'esoftalmo sarebbe comunque avanzato e, superato un certo limite, non avrei più avuto la possibilità di riavere i miei occhi, ormai già completamente trasformati. Dovevo continuare a cercare qualcuno che si assumesse la responsabilità di operarmi.

Dopo un mese di visite e telefonate a specialisti in tutta Italia, finalmente, grazie al consiglio del mio amico dentista, incontrai il Professore Corsello, primario del reparto di endocrinologia presso l'Ospedale Gemelli di Roma. Ricordo il suo sguardo appena mi vide entrare nel suo studio e le sue parole: «*Signora, non serve che mi mostri le sue analisi. Purtroppo riconosco in lei un caso di Morbo di Basedow molto avanzato. Sa cos'è? In ogni caso, non vada a cercare immagini sul web*». Troppo tardi, gli risposi. Proprio così, era ormai troppo tardi perché, curiosa come sono, mi ero già abbondantemente documentata e già sapevo quale potesse essere il mio destino. Ma il Professore Corsello mi disse anche che l'operazione era necessaria, altrimenti il processo dell'esoftalmo, già così grave, non sarebbe più tornato indietro e io avrei dovuto dire addio al mio lavoro in televisione. Il mio viso si sarebbe modificato per sempre. Chiamò il Professore Bellantone, primario del reparto di chirurgia metabolica nella stessa struttura, e lo avvisò che si trattava di un caso di operazione urgente, che non potevamo tentare la radioterapia perché era necessario bloccare il processo della protrusione dei globi oculari al più presto. Ma mi avvisò: c'era un rischio e questo rischio riguardava le mie corde vocali. La ghiandola così grande e gonfia, tale da aver creato un gozzo, era aggrappata alle corde vocali e, durante l'asportazione chirurgica, c'era il rischio di toccare appunto il nervo di una delle due.

Ancora una volta, nella mia vita, ero davanti a un bivio: operarmi urgentemente e tentare di ridare al mio viso i tratti originari, col rischio che se anche un solo nervo delle corde vocali fosse stato toccato, avrei perso la mia voce o comunque il mio tono di voce, oppure lasciare tutto così, tentare le classiche terapie utilizzate nel caso di questa malattia, anche per anni magari, non rischiando la voce ma rischiando che il mio viso e, soprattutto, i miei occhi non potessero più ritornare come prima. Era una scelta difficile. Io lavoro con il mio viso ma soprattutto con la mia voce, ma in quel momento bisognava pensare in positivo, considerare che sarei stata operata da un'eccellenza medica italiana, che aveva abbassato la percentuale di rischio per la voce, e che non potevo più continuare a scappare dagli specchi perché ogni giorno di più vedevo riflessa un'immagine così lontana da me.

Era maggio del 2014 e decisi di operarmi. Operazione che avverrà i primi di settembre 2014, data a cui arriverò stanca e completamente debilitata. Quando fui visitata dal Professore Bellantone, trovò il mio cuore ingrossato e affaticato. Ciò voleva dire che non era possibile operarmi immediatamente ma avrei dovuto fare una cura prima dell'intervento per risistemare il mio cuore e abbassare il mio metabolismo ormai impazzito. In quelle condizioni non avrei mai potuto sostenere un'anestesia totale. La cura consisteva in Beta-bloccanti per il cuore e Tapazole per contrastare l'ipertiroidismo che stava mangiando tutti i miei organi. Quattro mesi di questa cura quotidiana che mi portava a star male ogni singolo giorno, avere momenti di mancamento perché le Beta-bloccanti abbassavano il ritmo cardiaco e, a volte, a seconda del dosaggio, mi abbassavano troppo la pressione, e febbre ogni sera. Era tremendo. Non riuscivo più a stare accanto ai miei bimbi, non ero più capace di badare loro. Passai tutta l'estate dai miei genitori che, ancora una volta, mi diedero una mano per superare quel momento così difficile non solo fisicamente, ma anche psicologicamente.

La tiroide controlla, tra le altre cose, anche il nostro umore e io, con il metabolismo bloccato e la funzione tiroidea portata a zero dai medicinali per poter affrontare la tiroidectomia, ero a tratti depressa. Mi sentivo triste e sola. Mio marito era sempre fuori e aveva poco tempo per starmi accanto. Dopo che superai questa prova così complicata per me da sola, realizzai che lui non era più l'uomo che avevo sposato e di cui mi ero innamorata.

L'intervento durò otto ore. Ore lunghissime per la mia mamma, che mi aspettava in quella stanza di ospedale e che poi mi accolse per dieci giorni. Il Professore Bellantone cercò di farmi un taglio più piccolo possibile per «non rovinare quel collo da Miss», mi disse col sorriso.

Andò tutto bene, mi dissero, ma io, dopo poche ore, mi svegliai completamente dall'anestesia e mi ritrovai bloccata con drenaggi intorno al collo e quando cercai di dire *«ciao mammina»*, la mia voce non riuscì a produrre alcun suono. Mi dissero di stare tranquilla, perché era troppo presto, avrei dovuto aspettare che passassero tutti gli effetti dell'intervento e avrei ricominciato a parlare. Ma non andò in questo modo per mesi e mesi.

Mio marito mi venne a trovare in ospedale la sera del giorno dell'intervento e il giorno dopo partì, lasciando i bimbi al mio papà, che rimase a casa aspettandomi. La mia mamma, invece, rimase accanto a me per tutto il periodo della degenza, che durò più del dovuto. Sarebbero dovuti essere solo due, tre giorni, furono dieci. I valori non riuscivano a ristabilirsi, avevo il corpo e le labbra addormentate per il crollo del valore del calcio e la voce che non tornava. Ero praticamente afona.

I medici mi rassicurarono che l'intervento era andato bene e le corde vocali non erano state toccate. Quindi era solo questione di tempo, forse un edema premeva sulle corde vocali e non mi permetteva di parlare. Ma non era così. Dopo qualche giorno anche loro si dovettero arrendere all'evidenza di una voce che ancora stentava a farsi sentire e mi fecero fare dei controlli da un otorinolaringoiatra. Scoprimmo che la corda vocale sinistra era stata toccata effettivamente durante la rimozione della ghiandola e questo aveva determinato una sorta di pigrizia della corda vocale sinistra.

In poche parole, la corda vocale sinistra era ferma e lavorava solo la destra. Ma le corde vocali nascono per lavorare in coppia, ogni singolo suono nasce dal lavoro contemporaneo, ma differente, di entrambe le corde vocali. Ora la mia corda vocale destra avrebbe dovuto imparare a lavorare per due.

Mi aspettarono mesi difficili, faticosi e dolorosi. Non riuscii a mettermi in pista fisicamente molto presto. La rimozione di una ghiandola come la tiroide porta a scompensi ormonali grandissimi. Passavo da momenti di felicità a momenti di grande depressione. Mi avevano bloccato il metabolismo per circa sei mesi per potermi operare, e ora ero ingrassata quasi 20 kg e la voce non era più la mia. Non riuscivo più a urlare, a cantare (amavo e amo cantare) e anche i miei familiari facevano fatica a sentirmi e riconoscermi quando magari li chiamavo per nome. Vedevo nero e buio pesto ovunque. Mi avevano detto che in una quindicina di giorni mi sarei ripresa dall'intervento. Non capisco perché i dottori facciano sempre questo tipo di previsioni estremamente positive. Immagino che debbano spronare e non certo abbattere un paziente, ma passare da quindici giorni a più di un anno è una bella differenza. Tanto ci volle per ricominciare ad accettare una nuova voce che aveva bisogno di essere "educata" quotidianamente con esercizi di logopedia, dolorosi e veramente faticosi. Lavorare in quel periodo era inimmaginabile, la mia voce non lo permetteva. Ma c'è chi mi aiutò, invitandomi nella sua trasmissione e aiutandomi, letteralmente, a parlare e a farmi capire. Sto parlando di Veronica Maya, che conduceva una trasmissione pomeridiana di grande successo, *Verdetto Finale*, su Rai Uno. Io e lei siamo amiche da sempre, sin dai nostri primi inizi che, in pratica, risalgono allo stesso periodo. Veronica mi volle in trasmissione, nonostante gli addetti ai lavori non volessero un ospite come me, così in difficoltà nel parlare. Invece lei, ricordo molto bene, mi tranquillizzò e, ogni qualvolta prendevo parola, chiedeva al pubblico di fare silenzio in modo tale che la mia debole voce si potesse sentire. Non so quanti lo avrebbero fatto al posto suo. Lei aiutò una collega in difficoltà che non avrebbe neanche più lavorato in quel modo, e fece sì che fossi un volto fisso della sua trasmissione di successo, permettendomi di avvertire uno spiraglio di luce in un momento di buio pesto della mia vita. Il lavoro mi ha sempre salvata, è sempre stata quella fiamma che mi ha permesso di non arrendermi e reagire. E in quel periodo avevo bisogno di un motivo per reagire e dare ai miei bimbi un esempio importante, per cui non vale mai la pena arrendersi. Anche se poi non sanno che sono stati proprio loro il vero motivo per continuare a lottare nella mia vita. Eravamo sempre di più solo noi tre e io dovevo fare in modo che fossero orgogliosi della loro mamma.

Di quell'anno ricordo più i momenti difficili, le lacrime, la tristezza e la solitudine. Il mio esoftalmo fortunatamente, piano piano, iniziò a regredire, ma ero ingrassata come non mai, nonostante mangiassi pochissimo. Il mio umore era come se fosse perennemente su una montagna russa e questo chiaramente non aiutò nel rapporto con mio marito, che già soffriva per la lontananza e le incomprensioni. Parlavamo sempre di meno e litigavamo sempre di più. In maniera egoistica, volevo solo guarire il prima possibile e riprendermi la mia vita. La terapia sostitutiva a base di eutirox cominciò a dare i primi segnali positivi e, non appena il mio metabolismo iniziò a funzionare normalmente, ricominciai a guardarmi allo specchio con occhi diversi.

Qualcosa in me era cambiato dal giorno dell'intervento e non erano certo il mio corpo o la mia voce. Era qualcosa di più profondo. La malattia ti cambia, ma ti può cambiare anche in meglio. Riconosci chi ti sta accanto per amore, per affetto o per interesse. Riconosci chi ti ama nonostante tutto e chi invece ne approfitta per allontanarsi da te. La malattia è una sorta di percorso di vita che può insegnare molto. Lo pensai anche dopo la malattia e la morte di mia cugina Roberta. Per lei non arrivò una seconda possibilità, come per molte persone che si ammalano di cancro, ma la malattia deve diventare una lezione per chi rimane e soprattutto per chi ha amato tanto quella persona.

È difficile e a tratti disumano ma può accadere, anzi deve accadere per non rendere vana tutta la sofferenza.

La vita mi "regalerà", anni dopo, un'altra lezione, se così si può dire: un carcinoma all'utero, in uno dei momenti più dolorosi della mia separazione. Con forza e positività ho affrontato anche questa seconda prova, ma facendo pulizia delle persone che non meritavano di essermi accanto.

Non voglio insegnare niente a nessuno, ma raccontare può servire. Se ci arrendiamo al dolore e alla sofferenza, facciamo del male prima a noi stessi e poi a chi ci resta accanto e tenta con tutte le sue forze di aiutarci.

La logopedia, dolorosa e impegnativa, iniziò a dare i primi segnali positivi dopo circa un anno. Esattamente così, un anno, dodici mesi che potrebbero sembrare un tempo limitato, piccolo, ma per chi vive nell'angoscia e nella preoccupazione di non poter più tornare a fare il proprio lavoro, il lavoro che si ama e che si sceglie sin da piccola, sacrificando affetti, amicizie e, forse, molto altro, è un tempo enorme.

Sì, vivevo nell'angoscia di non tornare più a presentare spettacoli in piazza o trasmissioni in TV. Sentivo che c'era ancora tanta strada da percorrere e che avevo così tanto da dimostrare, ma chissà se sarei riuscita mai a realizzare tutto ciò che avevo sempre desiderato e sognato. Quando mi fermavo un attimo a pensare a cosa avrei potuto fare se la voce non fosse tornata, quale nuovo lavoro avrei mai potuto scegliere, avevo il buio totale. E la desolazione. Perché questo lavoro è parte di me e quando accade ciò è davvero difficile saper fare altro. È una forza, ma allo stesso tempo una limitazione di un lavoro, che diventa parte della tua anima.

Una voce tornò, lentamente e dolorosamente. Non più la mia voce, quella che mi aveva fatto conoscere in televisione, quella che strillava a casa contro mio fratello, quella che chiamava dal balcone la sua miglior amica, quella che, anni dopo, cantò sul famoso palco del Salone Margherita per il *Bagaglino*. No, non era più quella ma un'altra, nuova, diversa, forse meno squillante e più profonda perché nata dal lavoro doppio di un'unica corda vocale e sicuramente una voce più preziosa, perché nata dall'impegno, dal sacrificio e dalla resilienza di chi non ha prestato il fianco al dolore e alla sofferenza. Perché in quei dodici mesi fu tanta la sofferenza nell'affrontare da sola una malattia senza far apparire mai il dolore o le lacrime davanti ai miei bimbi per non farli preoccupare. Fu estenuante la lotta personale nei confronti degli *up and down* del mio umore, che mi portavano a sorridere e, dopo un attimo, a piangere per lo sconforto, senza un apparente e reale motivo. E a nascondermi per non far star male chi mi era comunque accanto: i miei bimbi, i miei genitori e le mie amiche.

«*Qualunque fiore tu sia, quando verrà il tuo tempo, sboccerai. Prima di allora una lunga e fredda notte potrà passare. Anche dai sogni della notte trarrai forza e nutrimento. Perciò sii paziente ver-*

so *quanto ti accade e curati e amati senza paragonarti o voler essere un altro fiore, perché non esiste fiore migliore di quello che si apre nella pienezza di ciò che è. E quando ciò accadrà, potrai scoprire che andavi sognando di essere un fiore che aveva da fiorire*» (Daisaku Ikeda).

Questa passo buddista racchiude il mio senso di quei dodici mesi e, da lì in poi, il senso di tutto ciò che accadrà nella mia vita, che premia sempre chi lotta e non si arrende.

Così, a un anno esatto dall'intervento, arriva un'occasione lavorativa così bella e preziosa da darmi la forza di ripartire in tutti i campi, in tutti i sensi.

Riprendere in mano il sogno

Nel pieno del mio lavoro, nel tentativo di recuperare salute e, soprattutto, la mobilità delle mie corde vocali, anzi dell'unica corda vocale che realmente funzionava dopo il mio intervento, arrivò una chiamata inaspettata e così tanto sognata.

Ho sempre creduto nelle mie capacità. Noi dobbiamo sempre credere nelle nostre capacità; dobbiamo essere noi prima di tutti e prima di chiunque a tifare per noi stessi altrimenti sarebbe stupido chiedere agli altri di credere in noi, no? Per questo non mi sono mai arresa alle difficoltà giunte dopo il doppio stop per la nascita dei miei due bimbi. Ogni volta, ma la seconda volta ancor di più, ero estremamente consapevole che ripartire dopo la nascita di un figlio sarebbe stato complicato e difficile. Complicato perché, quando si diventa mamma, si ha obiettivamente meno disponibilità e tempo da dedicare in maniera assoluta al lavoro. Perché assoluto diventa un termine abbinabile solo ai propri bimbi. E io, che avevo sempre desiderato diventare mamma e godere di questa gioia sin da giovanissima, ho deciso che sarei dovuta tornare a lavorare, purché fosse qualcosa che non togliesse troppo tempo ai miei bimbi. Sarebbe stato difficile rientrare dopo lo stop della gravidanza, perché purtroppo questo accade in quasi tutti i lavori, ma in modo particolare nel mio, in cui c'è una fila che attende con ansia che qualcuno lasci libero un posto, un'opportunità.

Ne parlo senza critiche o cattiveria, o per lo meno questo sentivo io, ma in onestà tante volte ho desiderato che qualche "collega" avesse altri impegni in modo da lasciare libero un ruolo, uno sgabello o una telecamera. Immagino che anche io sia stata oggetto di questo tipo di desiderio negli anni ma nel mio caso, quando è accaduto, non è stato mai per mia volontà, bensì per volontà o desideri altrui. Ma di questo avrò modo di raccontarvi...

Torniamo alla meravigliosa telefonata. Era il mio agente e mi comunicava che Michele Guardì stava rinnovando il cast di uno dei suoi storici programmi, *Mezzogiorno in famiglia*, trasmesso nel weekend di Rai Due, che seguivo sin da piccola, a casa, con la mia famiglia. Uno storico programma molto seguito perché raccontava le bellezze del nostro paese in termini di architettura, territorio, tradizioni e cucina. Tutto ciò riguardava paesi molto piccoli magari sconosciuti ai più, vere e proprie bomboniere di bellezza e umanità, distribuite dal Nord al Sud della nostra meravigliosa Italia.

Il programma consisteva, fondamentalmente, in una gara tra due paesi che ogni settimana si sfidavano in giochi, in studio e nelle loro piazze, con due inviate che gestivano in diretta questi collegamenti. I giochi erano in realtà un pretesto per raccontare il nostro paese, in lungo e in largo, col sorriso e l'ironia del conduttore che era, quell'anno, Amadeus.

Sto parlando del periodo 2014/2015. A un anno esatto dal mio intervento arrivò una straordinaria opportunità di lavoro, che mai avrei pensato sarebbe poi diventata l'esperienza, umanamente parlando, più preziosa della mia vita professionale.

Incontro, quindi, a giugno dello stesso anno, Michele Guardì, un'icona della TV per una come me che la TV l'ha sempre guardata, osservata, studiata e amata. Incontrare Guardì, colui che davvero aveva scritto parte della storia della nostra televisione, firmando e dirigendo tantissimi programmi di successo, fu incredibile ed emozionante. Ecco, questo non ho mai perso nel tempo: non ho mai smesso di emozionarmi, dopo anni e anni di esperienze televisive, teatrali e non solo. Questo accade tuttora ed è bellissimo, perché mi permette di provare quel fuoco e quell'adrenalina ogni volta che faccio qualcosa o comincio qualcosa di nuovo.

Guardì fu simpatico ed estremamente cordiale nei miei confronti, nonostante la fama di uomo scortese e, spesso, facilmente irascibile lo preceda. Con me no, e non lo fu mai, in realtà, neanche quando, tre anni dopo, mi dovette comunicare che non ero stata confermata alla conduzione del programma. Quando lo incontrai, io non sapevo esattamente quale ruolo volesse affidarmi in trasmissione. Sapeva molto poco di me ma a Michele Guardì interessa poco cosa e se hai fatto qualcosa precedentemente, così abituato a scoprire talenti e personaggi. Parlammo di mille cose: famiglia, figli, aspirazioni, hobby e gli piacqui immediatamente. Lui me lo disse. Pensava che quella stangona bionda con aria algida fosse un ghiacciolo e non avesse empatia, magari. Non saprei cosa pensasse di me prima del nostro incontro, ma una cosa è certa: fu l'unico caso della mia vita lavorativa in cui, finita la chiacchierata, mi fu comunicato di essere stata ingaggiata.

La rivoluzione del programma sarebbe partita dal cambio delle due inviate e in quello stesso incontro mi fu chiesto di diventare la sua nuova inviata. Non ero pronta a una richiesta simile e rimasi, per qualche attimo, attonita, sebbene lusingata, perché avevo realizzato la grande possibilità che mi veniva offerta di far parte del cast di un programma di successo.

Dopo tante esperienze e anni passati dall'incoronazione di Miss Italia, speravo di non dover più girare come una trottola e chiaramente, da mamma di due bimbi, accettare quel tipo di ruolo significava rivoluzionare la mia vita e quella di Francesco Pio e Nicolas.

Confesso che accettai senza pensarci, ringraziando e abbracciando Guardì che fece, immediatamente, cancellare tutti gli appuntamenti successivi perché aveva trovato l'inviata giusta per lui. Ma, non appena fuori dai corridoi di via Teulada, fui invasa da uno stato di agitazione e ansia. Come avrei mai potuto ricoprire quel ruolo, considerando la mia organizzazione familiare? Mio marito Francesco non viveva con noi a Roma e la frequenza con cui ci vedevamo era ridotta all'osso, sebbene lui avesse smesso di giocare a pallone. Allenava e aveva ancora meno tempo di prima. Ciò voleva dire che non avrei mai potuto contare su un suo aiuto. I miei genitori erano lontani e l'impegno che mi veniva chiesto era di due, tre giorni a settimana, ovviamente lontano da casa. Caddi in uno stato di paura perché era necessario che io tornassi a fare il mio lavoro, ma non volevo far mancare ai miei bimbi la mia presenza, unica certezza per loro. Lavorare, però, significava tornare a vivere, tornare a credere di potercela fare nonostante una voce diversa, più debole; significava non darla vinta ai miei detrattori, a chi aveva pensato che, dopo la nascita dei miei figli, sarebbe stato impossibile tornare a lavorare e che sarebbe stato sconveniente farlo, perché quando si diventa madre è quasi automaticamente giusto annullarsi per la famiglia. Ma la mia famiglia erano i miei figli, orgogliosi da sempre di una mamma che spesso li portava in giro per l'Italia con lei. Erano e sono abituati a condividere tutto con me, li ho sempre coinvolti in ogni mia scelta, anche perché ogni mia scelta non poteva esimersi dal loro assenso. La mia famiglia erano i miei genitori, che chiamai immediatamente fuori dagli studi Rai di via Teulada per chiedere consiglio e sostegno per una decisione che in realtà avevo già preso, anche se a loro sul momento nascosi il piccolo dettaglio che, in realtà, avevo già accettato la proposta di Guardì. Loro furono un po' titubanti all'inizio, proprio a causa del fatto che, essendo da sola a Roma e senza aiuti, organizzarmi con i bambini, tra scuola e attività extra scolastiche, non sarebbe stato semplice. Ma non impossibile. Noi donne sappiamo di avere responsabilità che ricadono solo sulle nostre spalle e sappiamo che, spesso, ci viene chiesto o proposto "l'impossibile", ma questo accade perché noi lo rendiamo possibile. Siamo dotate di una forza e di una capacità organizzativa di cui neanche noi siamo consapevoli fino a quando arriva il momento in cui serve tirarle fuori. Questo accadde a me quel caldo pomeriggio di giugno in cui la mia ruota ricominciò a girare vorticosamente e io decisi di salirci su, con una differenza rispetto al passato: avevo due grandi tifosi che mi avrebbero dato la forza di sopportare nuovamente, come già accaduto nel passato, dei ritmi infernali, una stanchezza senza precedenti e quindi sapevo che, come accade a noi donne, ancora una volta ce l'avrei fatta.

Così, a settembre 2014, comincia la mia bellissima avventura con *Mezzogiorno in Famiglia* ad Agropoli, stupenda cittadina del Cilento affacciata sul bellissimo mare della costiera. Ricordo l'emozione, la voce che tremava e le gambe molli quando fu aperto il mio primo collegamento in diretta su Rai Due. In quel momento realizzai di aver fatto la cosa giusta, che la cosa più sbagliata che un essere umano possa fare è quella di non seguire le proprie passioni, le proprie aspirazioni e i propri desideri. Realizzai che la vita si può organizzare e riorganizzare altre mille volte, senza che accadano tragedie, senza che le persone sentano necessariamente mancanze, senza creare traumi.

Mezzogiorno in famiglia

Se tu sei sereno, felice e realizzato, lo sono anche le persone accanto a te, perché trasmetti solo questo tipo di sentimenti. L'ho imparato sulla mia pelle e qui lo racconto, perché viviamo in una società organizzata in modo tale che per l'uomo, inteso come maschio, sia tutto più semplice, mentre per una donna, che in più sceglie di essere madre, non lo è affatto. Grazie all'aiuto di una tata, Siria, che conosceva i miei bimbi sin da piccoli, e dei miei genitori, che spesso venivano a Roma ad aiutarmi, riuscii a ricoprire quel ruolo da inviata per due anni. Anni bellissimi, stancanti e complicati, ma indimenticabili per la gente che la vita mi ha fatto incrociare e "vivere" assieme alle loro tradizioni.

Ogni settimana mi trovavo in un paese differente, partendo da Agropoli ci furono tantissime piccole città che ebbi modo di vivere in maniera, più o meno, intensa. Questo perché se il paese vinceva tra giochi in studio e giochi in piazza che gestivo io, assieme ai vari contributi riguardanti le tradizioni, l'artigianato locale, la cucina così come le opere architettoniche presenti, io sarei dovuta tornare nello stesso paese anche la settimana successiva, e ancora se il paese avesse continuato a vincere. Questo meccanismo mi portò a vivere alcuni paesi in maniera più profonda. In alcuni casi a far parte della loro comunità e delle loro famiglie. Il primo anno ci fu il caso di Santhià, cittadina in provincia di Vercelli, Piemonte. Ci arrivai quasi subito, all'inizio della mia esperienza nel programma, e ci rimasi per undici settimane. Un numero enorme di giorni, pensandoci, considerando che rimanevo lì tre giorni la settimana. Arrivai a Santhià con il mio autore e responsabile di produzione, in occasione della festa di Halloween, in una sera nebbiosa e fredda.

Ero ormai disabituata a girare nuovamente come ai tempi di Miss Italia. Era tutto nuovo, ma ricordo che preferivo ovviamente i paesi caldi e assolati per questioni tecniche. Per realizzare i contributi per il programma, dalla piazza iniziavamo molto presto al mattino, circa le 8:00, e poi registravamo fino al pomeriggio. In diretta dalle 11:00 alle 13:00. Quindi eravamo esposti al freddo, al vento, al sole torrido e, succederà a me, anche alla neve. Di conseguenza lavorare nel Nord Italia, per una terrona come me, climaticamente parlando, non si prospettava il massimo. Eppure la cittadina di Santhià, i suoi abitanti e il gruppo Alpini del luogo, settimana dopo settimana, entrarono prepotentemente nel mio cuore. Come mi accolsero, la loro generosità, l'umanità di gente semplice ma così ricca di tanto altro, il loro modo di farmi sentire a casa, anzi, in famiglia, mi aprì il cuore in due e accadde ciò che vi ho raccontato all'inizio: vissi l'esperienza più preziosa, sotto il profilo umano, che la vita potesse offrirmi. Mi resi conto del dono che mi fece la vita, una seconda volta, dopo la mia incoronazione, di vivere tra la gente, di respirare gesti semplici e puliti, dettati solo dalla generosità di persone che non sanno nulla di te, non ti chiedono nulla ma ti danno anche quel poco che loro hanno, pur di farti sentire una persona di famiglia.

Mezzogiorno in famiglia significò moltissimo per me in termini di rinascita: non fu solo tornare a fare ciò che ho sempre amato e per cui ho sempre lottato, ma fu soprattutto rendersi conto di quanto amore e generosità ti possono circondare se anche tu ti poni allo stesso modo con chi ti sta accanto. Questo feci io: iniziai a tifare per loro e con loro, dando il massimo che potessi senza mai risparmiarmi in energia, sorrisi e disponibilità. Alberto Sordi mi regalò un grande insegnamento, quello di sorridere e lasciare il sorriso come unico ricordo a chiunque incontrassi e questo faccio da sempre. Santhià fu la prima, pazzesca, esperienza come inviata, talmente totalizzante per me che, quando tornai nella primavera del 2015, per la fase semifinale del gioco, ricevetti la Cittadinanza Onoraria di Santhià per il mio impegno nella valorizzazione di quel territorio, considerando che per queste piccole realtà, partecipare a quel programma televisivo di così grande successo era un traguardo molto importante. Oggi, nonostante siano passati molti anni, sento al telefono, con tanto piacere e regolarmente, molte di quelle persone conosciute in occasione della trasmissione, a dimostrazione che i legami nati per caso ma con semplicità non svaniscono col passare del tempo o per lontananza.

In quella stessa edizione, a gennaio 2015, arrivai in Valle Camonica, a Bienno, provincia di Brescia. Sarà stato un caso o una coincidenza, ma anche lì arrivammo un giorno in cui la nebbia era talmente fitta che non riuscivamo a scorgere neanche la maestosa valle. Il mio primo pensiero fu: «*Speriamo non vincano. Qui fa troppo freddo*». Ora rido a ripensarci, ma lì accadde un secondo miracolo, dopo appena pochi mesi dalla bellissima esperienza di Santhià. Quella comunità, quei ragazzi, la loro grinta, la loro estrema simpatia mi conquistarono in pochissimo tempo. A Bienno c'è un pezzetto del mio cuore. Lì ci ritorno ogni anno, ad agosto, in occasione della loro più importante manifestazione, *Mostramercato*, che richiama migliaia di artigiani e turisti da ogni parte del mondo. Quando Bienno perse la semifinale della trasmissione, ci abbracciammo forte in cerchio, piangendo. Ancora una volta fui accolta con generosità e amore, ancora una volta tifai con loro e per loro. Ricordo che portai anche mio figlio Francesco Pio a tifare in piazza tutti assieme. E la cittadina di Bienno mi accolse con questa dedica proiettata: «*Manila, bella come il sole. Quando l'abbiamo incontrata per la prima volta non pensavamo che sarebbe diventata una di noi. Così è stato, invece. Ha cominciato a tifare con noi e per noi, ha apprezzato la nostra spontaneità e sincerità nel fare e nel dire le cose. Una persona meravigliosa con un cuore grande. Forse neppure lei pensava che potesse finire così. Lei è nei nostri cuori e noi la ringraziamo per ogni singola parola che ha speso per noi*».

Proprio così, quanto avevano ragione. Forse questa dedica scritta col cuore da ragazzi così ricchi di sani principi, affetto, generosità, grinta e speranza rende l'idea della mia esperienza come inviata di *Mezzogiorno in Famiglia*, anche se sarà l'anno successivo che andrò a vivere l'esperienza che più mi rimarrà impressa nell'anima. Nel gennaio del 2016 arrivai ad Amatrice.

Il 2016 fu l'anno dei massimi cambiamenti e della più grande decisione della mia vita. Fu anche l'anno delle grandi amicizie, se si può dire. Fu all'inizio del 2016 che incontrai un ragazzo che divenne col tempo punto di riferimento per me, ma anche per i miei bimbi, nei momenti di massima solitudine, una sorta di fratello, una spalla su cui contare. Colui che mi sopporta e supporta tuttora: Marco Scorza. Non citarlo in queste pagine, in cui mi metto a nudo, racconto ed elaboro, allo stesso tempo, la mia vita, sarebbe stato ingiusto e impossibile. L'amicizia mi ha salvata dalla più grande ferita della mia vita, più per le modalità in cui è avvenuta che per le ragioni, tante e alcune non confessabili: la mia separazione definitiva da Francesco che avvenne, appunto, nell'ottobre del 2016.

Ho avuto sempre pochi ma eccezionali amici, Marco Scorza, Giacomo, Marco Melfi, Elisa e Manuela. Loro sono stati sempre accanto a me e, giorno dopo giorno, mi hanno accompagnato fuori da un tunnel buio e angosciante. L'amore dei e per i miei bimbi, i loro sorrisi e i loro baci, la mia caparbietà, la mia positività che, nonostante tutto, non mi ha mai abbandonata e loro, i miei amici, sono stati il motore della mia rinascita, che però, ha trovato la luce con l'amore di Lorenzo. Ma ci arriveremo per gradi.

Intanto il sorriso e la spontaneità di Marco, arrivati all'inizio del 2016, conosciuto in occasione della presentazione del libro di Elisabetta Gregoraci, iniziarono ad accompagnarmi anche nelle mie pazze trasferte di *Mezzogiorno in Famiglia*. Lui mi curava il look mentre mi curava l'anima.

E la fortuna volle che ad arrivare, a gennaio 2016, ad Amatrice fossi io. Era il mio secondo anno come inviata del programma. Ricordo come se fosse ieri il freddo e la neve così alta, che mai avevo visto in vita mia. Nonostante i 7/8 gradi sotto zero della prima mattina di registrazione, ho memoria solo della bellezza e della luce di quella cittadina, che mi entrò nel cuore immediatamente e da lì non è più andata via.

Amatrice vinse e vinse per settimane e settimane e quella cittadina, famosa in tutto il mondo per la pasta all'amatriciana, così ricca di storia, tradizioni locali, gente semplice, volenterosa e generosa, mi accolse, come già era accaduto per Santhià e Bienno, come una di famiglia.

La tenacia del loro Sindaco, Sergio Pirozzi, e le mille idee del loro vicesindaco Gianluca, ormai entrambi miei grandissimi amici/fratelli, divennero noti a tutto il mondo qualche mese dopo, ahimè, a causa di una delle più grandi tragedie vissute dal nostro paese: il terremoto che colpì il Centro Italia la notte del 24 agosto del 2016 e che distrusse l'intera cittadina di Amatrice, provocando quasi 300 vittime. Un dolore così straziante per chi, come me, conosceva centimetro per centimetro quella bellissima cittadina e ogni singolo nome di quasi tutti gli abitanti, soprattutto bambini e ragazzi, che per tutte le settimane della trasmissione non mi lasciarono mai sola, circondandomi di stima e affetto. Ebbi l'onore di riprendere e raccontare per l'ultima volta la bellezza di Amatrice, di cui conservo gelosamente il dvd *Memoria di una Geisha*, prestatomi dal vicesindaco Gianluca e che non ebbi mai più modo di restituire, perché quella biblioteca non esiste più, come tutte le attività, i negozi e le abitazioni. Come tanta gente, famiglie intere che non ci sono più e tanti bambini volati in cielo. Dopo aver vissuto così intensamente e profondamente le settimane da inviata presso Piazza San Francesco, lì ad Amatrice, alcune di queste vissute anche dai miei bambini, che erano ormai soliti trascorrere la domenica a pranzo presso il ristorante dello storico Hotel Roma, di proprietà della famiglia della mia ormai amica Simona, si può immaginare il motivo per cui Amatrice è e sarà parte della mia anima per sempre. Il dolore non si può raccontare e, a volte, può suonare irrispettoso tentare di farlo, ma la tenacia di quella gente troverà in me sempre una sorta di megafono, affinché tutti sappiano e nessuno dimentichi che l'amatriciano non molla mai!

Fu un anno pazzesco il 2016, un anno ricco di soddisfazioni lavorative sicuramente. Fu l'anno della mia promozione "sul campo" da inviata a conduttrice di *Mezzogiorno in Famiglia*. A fine stagione televisiva, Amadeus decise di lasciare il programma dopo tanti anni e, quindi, la coppia di conduttori cambiò. Arrivò Massimiliano Ossini, un ragazzo dolce ed educato, oltre che molto bello, e poi chiamarono me. Michele Guardì mi chiamò offrendomi, come disse lui, una Ferrari da guidare, perché io l'avrei saputa guidare. Non potei crederci sul momento! Era un sogno che si realizzava. Ero consapevole che la piazza, la gente, il calore delle persone semplici mi sarebbero mancati ma in realtà fu molto più di ciò che pensavo. L'atmosfera in studio non fu delle migliori e i miei "colleghi" furono sempre estranei per me. Sergio Friscia, in particolare, fu quel tipico collega che incontri solo per lavoro e pensi "meglio così!". Non legammo mai, anche se da parte mia non mancarono mai il sorriso e l'educazione. Quest'atmosfera ancor di più mi fece vivere l'esperienza dello Studio 1 di via Teulada in modo asettico e distaccato. Era così enorme il divario e la differenza con la gente con cui urlavo e tifavo in piazza. Mi mancava da morire, anche se la gestione familiare era diventata più semplice. Non viaggiavo più e organizzare la vita dei miei bimbi era la mia unica priorità, considerando che nell'estate dello stesso anno la mia storia con mio marito visse i silenzi più profondi. Avevo scoperto delle bugie, grosse e inaccettabili per me. Non so se lui avesse già smesso di amarmi. Io no, lo amavo e ho imparato a disinnamorarmi solo più avanti per sopravvivere. Noi donne siamo speciali anche in questo. Perché sopravvivere non riguardava me ma noi: io e miei bimbi. Ho quasi dimenticato cosa accadde tra agosto e ottobre 2016, quando, nel giorno del mio compleanno, lo aspettai invano a casa, ricevendo la telefonata che non ce l'avrebbe fatta a venire a darmi un bacio. Fu insopportabile per me.

Così, ironia della sorte, nel momento in cui avrei dovuto essere al culmine della felicità e della soddisfazione personale, perché dopo tanti anni si realizzava concretamente il sogno della mia vita, mi ritrovai a vivere l'anno più buio dal punto di vista personale e familiare.

Quel 10 ottobre del 2016, giorno del mio compleanno, chiamai mio marito e gli dissi che per amor proprio, rispetto per me stessa e per la donna che ero, non avevo nessuna intenzione di continuare un rapporto che effettivamente non esisteva più. Il matrimonio, visto dai miei occhi, visto dagli occhi di una donna che ha avuto sempre come punto di riferimento la sua mamma e il suo papà che, al di là degli alti e bassi fisiologici e umani in una storia che dura da quarantasette anni, si sono sempre sorrisi e sostenuti reciprocamente nei momenti di luce e buio, non esisteva più. Io ero sola, mi sentivo sola e non solo fisicamente, ero sola sotto tutti i punti di vista. Sola, ma con due angeli, i miei bimbi, Nicolas e Francesco Pio, che a loro insaputa, si trasformarono in una sorta di ancora di salvataggio a cui io mi aggrappai. Eccomi, una donna come tutte, ferita, delusa e sofferente, che decide, quel 10 ottobre, di essere libera, di vivere una vita senza bugie e senza false illusioni. Le false illusioni, quelle mi ferirono più di qualsiasi altra cosa. Credetti a ciò che lui, mio marito, mi raccontava, senza mai mettere in dubbio la sua buona fede. Lo rifarei, anche se palesemente presa in giro senza alcuna vera motivazione. Ho sofferto, come soffrì lui assolutamente, perché da maschio alfa del Sud mai si sarebbe aspettato che una donna, la sua donna, avrebbe scelto la difficoltà di una vita da sola, in una città estranea e lontana dalla famiglia, con in più due figli, invece della "comodità" di una vita da moglie, magari economicamente tranquilla, come tante, soprattutto nel mondo calcistico, fanno, accettando le ombre.

I miei genitori mi hanno insegnato sin da piccola l'amor proprio e il rispetto della nostra natura. Ho avuto due genitori eccezionali che mi hanno cresciuta all'insegna della libertà ma anche del senso di responsabilità. E in virtù di ciò, avevo la responsabilità di far crescere i miei bimbi in un clima di verità e luce. Solo con la verità, la verità anche verso sé stessi, si può avere un quadro della propria vita e di ciò che ci circonda e scegliere cosa è meglio. Questo volevo e voglio per i miei figli e per me e questo ho fatto in modo che avvenisse. Nessuno è perfetto e tutti hanno mille difetti, ma crearsi una identità differente per apparire migliori agli occhi degli altri è peggio, molto peggio che ammettere che si sono commessi errori. Tutto è risolvibile ai miei occhi se c'è verità. E quest'ultima ho sperato che arrivasse anche nei mesi successivi a quel 10 ottobre, ma arrivarono solo altri dolori. Così, in un preciso momento smetti di sperare e realizzi che devi rimboccarti le maniche e andare avanti. E in qualche modo anche tu diventi un'altra. Non so se migliore o peggiore, ma cambiare è necessario per smettere di soffrire, anche se si pensa che senza ciò che avevamo prima si soffrirà di più. Non è vero. Mai. Non è il passato a renderci persone felici, ma il presente e soprattutto ciò che investiamo per il futuro: coraggio, grinta, pensieri positivi e amore di chi ci resta accanto. Perché nessuno resta solo. La vita non ci lascia mai soli, però dobbiamo essere bravi e forse anche coraggiosi a continuare a fidarci di lei.

Sembra tutto semplice ora che queste parole le scrivo. Ma le ho vissute esattamente in questo modo per non dare mai soddisfazioni a chi non ha mai creduto che ce la facessi.

In questo modo e in questa atmosfera, vissi il mio anno di conduzione di *Mezzogiorno in Famiglia.* Avrei avuto bisogno di un'atmosfera un po' più serena al lavoro, ma non fu esattamente così. Ero sotto attacco da ogni lato! A metà anno comparve l'ombra di Adriana Volpe e la consapevolezza che qualcosa stava accadendo alle mie spalle. Era tutto ok e il programma andava benissimo, ma le voci di una mia sostituzione, dopo appena un anno, per far posto ad Adriana, reduce da una famosa litigata televisiva con Giancarlo Magalli, erano sempre più insistenti.

Chiesi a Michele Guardì di non lasciarmi senza lavoro in quell'anno nero. Ero disperata nel dover affrontare una valanga di problemi dopo la mia separazione, ma non ascoltò. Così, il giorno dopo l'ultima puntata del programma, ricevetti una telefonata in cui Michele Guardì in persona mi comunicava che la "rete" aveva deciso di tutelare Adriana e lasciare a casa me. Mi ero schierata dalla parte di Adriana, come donna, nel momento del caos televisivo in cui si ritrovò. Di risposta non ricevetti mai solidarietà né da lei, né da nessun altro. Pochi, in verità, conoscevano le reali difficoltà in cui ero. Per pudore, poche volte ho

Mezzogiorno in famiglia

chiesto aiuto. Ma quella volta lo chiesi e mi furono voltate le spalle.

La mia bellissima esperienza di *Mezzogiorno in Famiglia* si concluse prima del previsto e, forse, in maniera ingiusta. Resta un ricordo speciale e, nel mio cuore, restano tutte le preziose amicizie nate durante i tre anni del programma.

Nello stesso momento termina il mio matrimonio e il sogno di una famiglia tutta mia.

Ma la vita, ancora una volta, in questa specie di montagna russa infinita, è pronta a sorprendermi. Se tu le dimostri forza, coraggio e resilienza, la vita non ti delude e ti premia.

Non dimenticare e non mollare, ma vivi. Perché è vero che ciò che otteniamo alla fine di questo meraviglioso viaggio non è ciò che vogliamo ma ciò che siamo. Per questo chi arrivò mesi dopo era fatto della mia stessa sostanza.

La luce in fondo al tunnel

Finita definitivamente la mia avventura nella squadra di *Mezzogiorno in Famiglia*, restava, all'indomani, l'amaro di qualcosa che appariva ingiusto. C'era tanta delusione, ovviamente amplificata dal fatto che non avevo nessuna spalla su cui appoggiarmi. Minimizzai l'accaduto agli occhi dei miei genitori per non renderli tristi. Loro sapevano esattamente cosa stavo attraversando, quali fossero le problematiche alla base della fine del mio matrimonio e, di conseguenza, erano molto preoccupati. Le domande che si ponevano erano in realtà le stesse che mi ponevo io. «*Cosa fare ora?*». «*Da dove ricominciare?*». Dovevo riorganizzare daccapo la mia vita, con la priorità di tentare di far crescere i bimbi più serenamente possibile. Ma serena io non lo ero, avevo paura esattamente come tutte le donne che all'improvviso, come me, si ritrovano a ricostruire una vita, con un passato pesante e pieno di eventi accaduti, e un presente ancor più impegnativo perché pieno di responsabilità nei confronti dei miei bimbi. Ricostruire una vita.

Ricostruire. Quanto mi ha fatto sempre molta paura questa parola, perché credo sempre tanto in ciò che faccio, in ogni singolo gesto. Talmente tanto che lo considero “per sempre” nel momento stesso in cui lo compio. Quel “per sempre” in cui ho creduto tanto nella vita privata e nel lavoro.

Ironia della sorte, entrambi, in uno stesso momento, non sono più “PER SEMPRE” e compare “RICOSTRUIRE”. Ma da dove? E come? Da sola?

A tutte le donne che ho, poi, incontrato nella mia vita, a tutte noi, racconto che quel senso di “impossibile e incomprensibile” ma anche di “fallimento” che, a un certo punto, si impossessa di noi, anche io l’ho vissuto. Ma l’ho attraversato, con tutte le difficoltà e i dolori che include, con tutti quei momenti di black out totale del cervello e quasi immobilità che ne deriva. Si attraversa, perché arriva un punto in cui non abbiamo altra scelta per sopravvivere. Ma quel punto rappresenta anche il momento esatto in cui riparte tutto, tutto ciò che siamo e non tutto ciò che vogliamo... ricordate?

Passarono otto mesi dal momento in cui lasciai mio marito alla separazione in tribunale. In quei mesi Francesco non venne mai a Roma per tentare di chiarire e spiegare quei “silenzi” misteriosi che ci avevano diviso. Credetti e sperai che tentasse di capire, per lo meno, come riunire nuovamente la nostra famiglia, ma non lo fece mai, neanche negli anni successivi, preso da altre donne e situazioni lavorative. Scoprii la nascita di un altro suo figlio a un anno di distanza dalla nostra separazione. Scoperta fatta casualmente su Instagram, mentre cercavo di non far sentire la mancanza del loro papà ai miei due bimbi, ignari di quello che era accaduto e che stava accadendo.

Soffrii tanto, tantissimo, dormivo poco e piangevo. La notte, quando entravo nel mio letto e chiudevo gli occhi, mi passava davanti tutta la mia vita. Tutti i momenti sereni, tutti e quattro assieme, e mi sembravano appartenessero a un'altra persona. Mi davo tutte le colpe, a volte; mentre, in altri momenti, la rabbia era così grande che le colpe ricadevano solo sul mio ex marito.

La verità è che si sbaglia sempre in due, perché da una parte non ci fu più la sincerità che meritavo, dal mio canto non ci fu più la voglia di crederci e lottare. Perché anche per lottare devi essere in due, ma in questo, sono certa, rimasi da sola. Anzi, sola io non lo fui mai perché avevo i miei bimbi sempre con me. Certo, era impegnativo e fisicamente stancante badare e crescere due vivaci maschietti da sola, anche se, spesso, arrivava in aiuto il mio papà, il nonno migliore che la vita potesse donare a Francesco Pio e Nicolas. Ma ho dovuto fare da madre e da padre ai miei figli, perché il mio rapporto con il loro papà era fortemente incrinato, specialmente nei primi momenti dopo la separazione, e la nascita del suo terzo figlio dalla relazione con un'altra donna lo allontanò definitamente da noi. Credevo fosse impossibile, eppure l'ho perdonato, nonostante non mi sia mai stato chiesto scusa. E da quel momento ho schiarito cuore e testa, tanto da riconoscere il bello che da lì a breve mi sarebbe arrivato.

Nell'autunno del 2017, qualche mese dopo la mia separazione, iniziò, però, qualcosa di estremamente inaspettato ed entusiasmante. Fu come se fosse cominciata una nuova fase anche lavorativa e, incredibilmente, questa riguardava la mia voce. Dopo l'operazione in cui mi asportarono la tiroide e dopo tutte le difficoltà incontrate per recuperare la mia voce, una nuova voce, come appunto vi ho raccontato nei capitoli precedenti, con un duro e doloroso lavoro di logopedia, mai mi sarei immaginata di tornare a lavorare e, per di più, in radio. Sì, proprio così: dopo aver pianto per la disperazione di non riuscire più a parlare e per la paura di non poter più fare ciò che amavo così tanto e per cui ho sacrificato tutta la mia vita, ricevetti la telefonata del presidente di RTL 102.5, Lorenzo Suraci, che mi offrì di far parte della sua grande famiglia radiofonica e mi affidò la stessa fascia oraria di *Mezzogiorno in Famiglia* su Radio Zeta, costola giovane e tutta italiana di RTL 102.5. Non basteranno mai le parole per rendere l'idea di quanto sia grata a Suraci e a Federica Gentile, direttrice di Radio Zeta, per aver creduto in me e avermi dato la possibilità di ripartire, ricredere nelle mie capacità e imparare, dopotutto, un lavoro nuovo: la radio. La radio, così, entra all'improvviso nella mia vita, senza che neanche l'abbia mai cercata, e conquista immediatamente uno spazio immenso e profondo nel mio cuore per un motivo fondamentale: mi ridona la libertà.

La libertà di essere me stessa, di non recitare alcun ruolo e riallacciare quel filo profondo, diretto e vero con gli ascoltatori, lo stesso che avevo con la gente dei paesi che visitavo per *Mezzogiorno in Famiglia* come inviata. In radio potevo di nuovo essere me stessa e raccontare il mio pensiero, senza essere giudicata né fermata. Proprio così. In televisione poche volte ciò che vediamo riflette la verità anche delle persone, poche volte si è veramente sé stessi, perché si deve piacere a tutti i costi. Invece in radio non puoi essere altro, perché utilizzi solo il linguaggio, il tuo linguaggio e solo con quello comunichi. Non c'è l'immagine a supportarti e, di conseguenza, per piacere devi raccontare fondamentalmente ciò che hai dentro. Sono orgogliosa, a distanza di quattro anni, di esser stata capace di ripartire da zero, imparando qualcosa di completamente nuovo e di averlo fatto con la mia voce, la mia nuova voce, diversa, a tratti forse non bella e forte come la precedente ma speciale, perché frutto di sacrifici che solo chi mi fu accanto in quei momenti atroci può sapere davvero.

Così, nel buio più profondo che caratterizzò i mesi successivi alla mia separazione, arrivò prima una lampadina, ossia il lavoro in radio, a ridarmi fiducia in me stessa e regalarmi un velo di ottimismo, ma poi arrivò una sorta di torcia, piuttosto che un faro, a illuminare me e tutto ciò che mi circondava. Conobbi Lorenzo.

Ho sempre utilizzato i canali social per lavoro e mai per stringere amicizie e, ancor meno, rapporti amorosi. Diffido da quelle situazioni che nascono in rete, perché tutti siamo un po' "FOTOSHOPPATI", se si può utilizzare questo curioso termine, per far colpo in quell'oceano immenso di network. E non parlo solo dell'immagine, ma anche e soprattutto dei contenuti che raccontiamo perché, in fin dei conti, i social hanno regalato a chiunque la chiave per "esistere", anche se poi esistere non è quasi mai sinonimo di vivere. Proprio alla luce del mio pensiero al riguardo, come accadde per la radio che era arrivata senza che mai l'avessi cercata, così arrivò colui che mi ha salvato, letteralmente, regalandomi una nuova possibilità di essere felice. Un *like* su Twitter a una foto di un amico e giornalista Rai in cui era presente anche Lorenzo fece partire la scintilla. Era l'autunno del 2017, quando a quel *like* alla foto lui rispose scrivendomi in privato e facendomi i complimenti. Non ho capito esattamente per cosa si complimentasse in realtà, però era chiaro che, come lui aveva colpito me, io avevo colpito lui. Non sapevo praticamente nulla di Lorenzo, perché anche se lavorava in TV come opinionista sportivo, aveva vissuto molti anni all'estero, tra Scozia e Inghilterra, e per lo stesso motivo anche lui sapeva molto poco di me. Quel *like*, ammetto, partì per una voglia di leggerezza che ormai non esisteva più nella mia vita, sempre così carica e assorbita dalla responsabilità del lavoro e della crescita dei miei bimbi, ma devo dire che fui molto fortunata perché, senza saperlo, misi un *like* alla mia felicità.

La storia tra me e Lorenzo partì molto, ma molto lentamente. Per circa quaranta giorni ci scrivemmo solo e poi iniziammo a sentirci al telefono. Non mi fidavo, così scettica nei confronti degli uomini oramai, e volevo capire quanto ci tenesse veramente a me come Manila donna. In più c'era la mia diffidenza nei suoi confronti, essendo lui un uomo molto corteggiato, che aveva avuto tantissime donne e che nessuna, in fin dei conti, era riuscita a fare capitolare. Non avevo voglia di innamorarmi quando lo conobbi, pensavo che sarebbe stato possibile innamorarsi solo una volta nella vita, ma tutto ciò che ho sempre pensato impossibile nella mia vita si è poi rivelato possibile. Dopotutto mio papà, sin da piccola, mi ricordava che "*tutto è possibile e nulla è impossibile*" ma bisogna tenere il cuore aperto prima, per poi aprire le braccia e farsi curare. Lorenzo, ammetto, ha avuto nei miei confronti una pazienza infinita. Da uomo intelligente quale è, ha capito sin da subito che la donna che il destino gli aveva fatto incontrare era un "*casino*" dentro e aveva una corazza fuori, ma che probabilmente avrebbe potuto donare ancora tanto amore. Perché di amore ero bisognosa, non solo di averlo ma anche di darlo a chi, per la prima volta, si sarebbe preso cura di me e dei miei due bimbi. La nostra storia non iniziò mai per bisogno di affetto o di compagnia, la nostra storia iniziò perché il destino decise che eravamo fatti della stessa sostanza e delle stesse necessità. Ciò che arriva, appunto, non è ciò che vorremmo ma ciò che siamo.

La nostra storia iniziò nel 2017 con il nostro bellissimo primo bacio in aeroporto. Lo andai a prendere all'aeroporto di Fiumicino di ritorno da un viaggio all'estero. Non ci eravamo mai visti prima, ma solo sentiti al telefono e fatto un paio di video chiamate, tra l'imbarazzo e la mia timidezza. Eppure quel bacio, così perfetto e dal sapore quasi familiare sin da subito, mi diede la conferma che mi ero innamorata di un perfetto sconosciuto. Come potesse essere possibile, io non saprei.

La Manila così distaccata dagli uomini, dall'amore e presa solo da sé stessa e dai suoi bambini, avvertiva nuovamente non solo un batticuore, ma anche quella specie di piacevole peso nel petto, lì proprio dove ormai riposava rassegnato il mio cuore. Tutto mi piacque di lui, dal profumo della sua pelle, che sapeva tanto di UOMO, alle sue mani e al modo in cui mi accarezzavano e stringevano forte al suo petto, così come la sua voce e il modo in cui mi parlava: dolce ma forte, presente e attento, molto attento. A Lorenzo non sfuggiva nulla di me, tanto che non sono mai riuscita a nascondergli niente. Mi trovavo davanti un uomo che, per mille aspetti e motivi, somigliava tantissimo all'unica figura maschile che ho sempre amato e stimato: il mio papà.

Lui che papà non lo era, sarebbe stata una figura estremamente positiva anche per i miei bambini, che però non lo conobbero subito. Quando racconto che Lorenzo ha avuto con me una pazienza che pochi avrebbero avuto mi riferisco anche a questo: non volevo destabilizzare i miei bimbi, a cui raccontavo spesso del loro papà anche se lontano. Francesco Pio e Nicolas sono cresciuti con la certezza che un papà lo hanno, che ha fatto altre scelte a un certo punto e non biasimabile per questo, e che avremmo continuato a essere una famiglia anche se non vivevamo più assieme, perché ci si può voler bene anche se lontani. Per questo l'unico uomo accanto a me che avrebbero eventualmente conosciuto negli anni sarebbe stato unico e solo e non avrei mai destabilizzato la loro crescita con figure varie di passaggio. Sento

Manila e Lorenzo

una grande responsabilità nei loro confronti e so che come mamma separata devo fare molta attenzione a cosa i miei bambini vivono e vedono di me.

La storia tra me e Lorenzo, nonostante fossimo innamorati persi, attraversò una grande crisi. Nel 2018, più o meno un anno dall'inizio della storia, io entrai in crisi. Stavo combattendo legalmente con il mio ex marito e la stanchezza era davvero tanta. Lorenzo continuava a vivere a Firenze, la sua città, e per stare un po' assieme io dovevo necessariamente andare da lui e quindi viaggiare. Ma viaggiare per me significava organizzare la vita dei bambini, baby sitter, scuola, allenamenti di calcio ed ero comunque sola con il solo lavoro in radio, continuo ma economicamente insufficiente per coprire tutti i bisogni. Non mi vergogno a raccontare che ho attraversato un momento molto difficile, in cui dovevo calcolare al centesimo le spese per arrivare a fine mese, eppure ho combattuto e non mi sono arresa al vittimismo. Mi sono rimboccata le maniche e ho fatto mille lavori. Ma questo mi portò a una tale stanchezza che, unita alla lontananza di Lorenzo e alle beghe legali da risolvere, mi travolse e incrinò la mia storia con lui. Avrei voluto che lui si trasferisse a Roma e che diventasse quel supporto di cui avevo bisogno, anche per stare insieme a una persona con cui condividere i racconti della giornata la sera a casa. Cenavo da sola ogni singola sera a casa mia, stanca così tanto che spesso mi addormentavo sul tavolo mentre cenavo. Ma anche triste, perché la vita che avevo sempre sognato e desiderato non era quella.

La solitudine, di cui ho avuto sempre paura sin da piccola e che mi rincorreva perennemente dall'incoronazione di Miss Italia, era sempre presente, anche se c'era un uomo accanto a me.

Quei nove mesi di lontananza tra me e Lorenzo furono segnati anche da una grande preoccupazione. Durante un normalissimo controllo ginecologico mi fu scoperto un principio di carcinoma all'utero. Non potevo crederci! Io che dovevo essere una roccia e non potevo permettermi di fermarmi un attimo perché i miei bambini avevano bisogno di me, dovevo necessariamente fermarmi ancora una volta. E non potevo perdere tempo, perché la fortuna di aver fatto quel controllo casualmente e non previsto, aveva permesso di scoprire l'anomalia delle cellule in tempi precoci e quindi l'operazione sarebbe bastata per risolverla. Lorenzo non mi ha perdonato di averlo tenuto lontano in un momento così difficile, ma io mi vergognavo tanto delle troppe difficoltà che attraversavo e non volevo caricarle su altri. La mia mamma e il mio papà, come sempre, furono accanto a me, così come i miei migliori amici. Lorenzo venne a sapere da altri che ero stata operata e, quando lo sentii al telefono, era così arrabbiato del fatto che lo avessi tenuto all'oscuro che quasi mi spaventò. Non ero pronta ad avere qualcuno accanto. I tempi per me, nonostante il bisogno di affetto e amore, non erano ancora maturi. Stavo ancora elaborando la separazione così tanto dolorosa per me e la rabbia che provavo nei confronti della vita non mi dava tregua! Avevo bisogno di star bene per i miei bimbi e invece il mio fisico mi aveva lanciato, come già accaduto per la tiroide anni prima, un chiaro messaggio che non ero fatta di roccia o ferro, ma ero umana! Dovevo fermarmi, curarmi e darmi il tempo necessario per ripartire.

Regalarmi del tempo e perdonarmi di non riuscire a fare tutto e che magari potevo anche farmi aiutare da chi aveva dimostrato di volermi bene nonostante quel "casino": questi i messaggi che mi arrivarono e io, piano piano, li colsi, li capii e li accettai. Perché accettare i propri limiti e le proprie debolezze è una sorta di dono che ti fa la vita con la malattia, perché dopo che la vivi e senti il dolore e la preoccupazione dei tuoi cari, capisci che devi cambiare. Nuovamente. E io lo feci.

Con un semplice messaggio per gli auguri di buona Pasqua, ripartì piano piano la storia tra me e Lorenzo. Nove mesi di lontananza in cui entrambi avevamo avuto altri incontri, senza alcuna importanza, perché il pensiero poi volava sempre a lui, anzi a cosa eravamo assieme, a noi. E ci regalammo una seconda possibilità, con la promessa che l'avremmo vissuta diversamente e investendo tutti noi stessi, perché ce lo meritavamo entrambi, perché ci meritavamo più di chiunque altro. Così Lorenzo, piano piano, con cura, attenzione e in punta di piedi entrò a casa mia, che di lì a breve diventerà casa nostra, perché i miei bimbi lo amarono sin dal primo istante. Nei loro occhi vidi un misto di gelosia e gioia, nei primi tempi, che poi si tradusse solo in gioia per avere in casa una figura maschile che, in pochi mesi, diventò loro complice e spalla su cui poggiarsi se la loro mamma non c'era o era semplicemente stanca.

Superata la grande tempesta e con promesse importanti e concrete, la nostra storia ripartì come se effettivamente nulla fosse mai successo, come se, anche se lontani, io e Lorenzo non ci fossimo mai lasciati. Succedeva che Lorenzo si dividesse tra Roma e Firenze, ma effettivamente trascorreva più giorni a Firenze che a Roma, per curare la casa bellissima che ha sulle colline toscane e i bellissimi *dogue de bordeaux* che decidemmo di prendere assieme, qualche mese prima della pausa di nove mesi. Cani bellissimi ma impegnativi e bisognosi di spazio, tanto che lui faceva spesso andata e ritorno Roma-Firenze soprattutto per curar loro. Il nostro sogno era vivere assieme ma, ovviamente, in una casa più grande e con un giardino che potesse accogliere i nostri cagnoloni, che nella mia casetta di Roma avrebbero avuto grandi problemi di spazio. Purtroppo la femmina dei due cagnoloni, Margot, morì all'improvviso qualche mese dopo, così suo fratello Thor è rimasto da solo quasi sin da subito e, soprattutto per lui, Lorenzo era spesso a Firenze.

Amo Firenze e amo la casa bellissima di Lorenzo sulle colline dell'Impruneta, immersa nel verde e nella pace assoluta, ma lasciare Roma per trasferirci tutti lì, nonostante la sistemazione sarebbe stata in un'abitazione più comoda e ampia, non era e non è possibile per me. Resto una donna ferita da colui che avrebbe dovuto prendersi cura di me e dei miei bimbi e per questo impaurita al pensiero di dover lasciare la mia città Roma che, seppur nel piccolo, mi offriva lavoro continuo (la radio) e mi permetteva di poter essere indipendente nella crescita dei miei bimbi.

Lorenzo ha sempre capito questo mio bisogno, dettato sì dalle vicende accadute nel mio passato, ma anche dalla mia indole libera e indipendente. Anche quando ero sposata con mio marito e avrei potuto fare la vita da moglie di calciatore, mantenuta e dipendente da lui, io non l'ho mai fatto, perché fortunatamente non è uno stile di vita che mi appartiene. E dico fortunatamente perché la vita cambia, le persone cambiano e nulla è certo se non il fatto che puoi farcela anche da sola.

Ho attraversato momenti difficili e bui, ma avevo e conoscevo un mestiere per cui mi sono sacrificata sin dall'inizio e un nuovo mestiere, quello della speaker radiofonica, che ho imparato così da avere gli strumenti per potermi rialzare, ripartire e dire grazie solo alla mia tenacia.

Questo racconto a tutte le donne che mi chiedono perché combattere per la propria indipendenza. Noi donne abbiamo il dovere di volerci bene e rispettarci, il che si traduce anche nel possesso degli strumenti, indipendenza e libertà, per non chiedere niente a nessuno. Possiamo farcela da sole anche se può sembrare, soprattutto all'inizio, impossibile ma, come sempre vi racconto, "*nulla è impossibile*"...

Declinato all'amore, ho sempre scelto di stare accanto a un uomo perché volevo lui e non perché avessi bisogno di lui. Questo può piacere e attrarre gli uomini di carattere e sicuri di sé; può spaventare quelli che, invece, hanno bisogno di continue conferme dalla propria donna completamente dipendente da loro, in tutto e per tutto. Lorenzo rientra sicuramente nella prima categoria, anche se non ha mai nascosto il suo desiderio che io mollassi tutto per vivere lì, in quella bellissima casa, oasi del nostro amore, con lui. E fondamentalmente le nostre discussioni si sono sempre basate su questo: la mia indole, che mi ha sempre portato a fare tutto e tanto da sola senza chiedere aiuto, e la sua volontà di esserci più concretamente. Discussioni che sono presenti in tante coppie normali e sane, ma che soprattutto vivono la lontananza.

Appunto la lontananza, argomento da me più temuto, perché la lontananza non unisce ma raffredda i rapporti. La lontananza è stata la causa più importante della mia separazione, perché le persone si abituano a vivere lontane e cambiano e spesso, proprio perché lontani, i problemi non si riconoscono e non si affrontano. Quando io e Lorenzo decidemmo di tornare assieme, io gli chiesi di venire a Roma da noi, chiesi a lui di fare questo grande sacrificio, mi rendo conto, perché non potevo chiederlo ai miei bimbi, già provati dalla mancanza del padre e dalla situazione difficile che si sono trovati, loro malgrado, a vivere. E lui mi disse di sì, ma non accadde in tempi brevi. Anzi, arrivò un evento nella nostra vita che mise il turbo alla nostra storia: la partecipazione a *Temptation Island*.

Era marzo 2020, in piena pandemia da Covid, tra l'altro vissuta lontani per oltre due mesi, proprio a causa della necessità di badare a Thor e l'impossibilità di viaggiare da una regione all'altra, che arrivò una chiamata inaspettata e, come sempre accade nella mia vita, mai cercata: ci chiesero di partecipare come coppia alla nuova edizione di *Temptation Island*, un programma che io conoscevo e che seguivo perché mi divertiva, mi faceva sorridere, benché fosse centrato sulle problematiche di coppia, a volta anche molto pesanti e complicate. Lorenzo invece non ne sapeva assolutamente nulla, così quando gli chiesi se avesse voglia di fare questo tipo di esperienza, gli dovetti mostrare video che riguardavano il programma. Sembrò subito divertito e incuriosito, esattamente come me, e mi rispose: «*Perché no!?*».

Dopotutto eravamo una coppia sana, ci amavamo, gelosi al punto giusto, più io sicuramente di lui, a differenza di quello che si poteva pensare, e senza alcuno scheletro nell'armadio. Insomma, avevamo tutte le motivazioni per provare questa bizzarra esperienza, che chissà poi cosa ci avrebbe portato. Ma ciò che ci avrebbe portato era inimmaginabile, al di là di ogni più rosea aspettativa. L'esperienza di *Temptation Island* si trasformò in una sorta di tsunami personale e mediatico ancor più potente, se possibile, di quello mio precedente di Miss Italia, che permise di farci conoscere e amare come coppia e, per quanto mi riguarda, mi permise di avvicinarmi al mondo delle donne come mai avrei sperato. Partecipare a un tipo di programma che viaggia sempre un po' sul filo del trash, dove anche un piccolo errore, una frase o uno sguardo differente possono far disegnare la tua persona in maniera distorta rispetto alla realtà, fu un rischio per me come donna, come mamma e come personaggio televisivo. Ma il rischio fa parte del cambiamento e io che del cambiamento, della forza e del coraggio di cambiare ne ho fatto principio assoluto della mia rinascita, non ho avuto dubbi e mi sono buttata a capofitto nell'avventura di *Temptation Island*, portando con me non solo la mia storia, che voi ora conoscete in gran parte, ma anche tutte le sfaccettature che appartengono a noi donne, forti o deboli che possiamo essere, accumunate però dalle stesse fragilità e paure. Perché davanti alla vita siamo tutte uguali.

Ricordo il nostro primo incontro con Maria De Filippi, che, in realtà, conosceva ben poco di me e Lorenzo, ma che rimase chiaramente colpita dalla nostra semplicità di coppia innamorata, apparentemente senza alcun problema, ma soprattutto rimase colpita dall'animo di Lorenzo, un uomo dall'apparenza inattaccabile, forte, burbero a tratti, abituato ad avere tutto ciò di cui ha bisogno. Ma Lorenzo è ben altro e Maria se ne accorse subito. Lei avvertì immediatamente le fragilità che appartengono all'anima dell'uomo che amo immensamente, generoso e altruista come pochi. Per lui il primo pensiero è chi gli sta accanto e poi sé stesso. La sua immagine imponente porta le persone a pensare che Lorenzo non abbia bisogno di nulla e, invece, lui ha bisogno di attenzioni, coccole e affetto come tutti noi. Tutte cose che non si comprano, ma che la vita ti regala se ne sei meritevole. Lorenzo è tutto questo e anche di più e credo che Maria De Filippi lo avvertì all'istante, tanto che quel nostro primo incontro si incentrò solo sulla loro comune passione per i gelati e il nostro immenso amore per i cani. Ma su una cosa si sbagliò: Maria pensava che, tra i due, Lorenzo fosse il più geloso e quindi la parte debole della coppia, da questo punto di vista. Invece, durante la trasmissione si rivelò tutta la mia gelosia nei suoi confronti. Eravamo circondati da dodici ragazzi e ragazze ovviamente fidanzati, giovani, atletici e super simpatici, e furono tre settimane all'inizio molto leggere e divertenti. Poi, piano piano, le varie debolezze che appartenevano alle varie coppie iniziarono a uscir fuori e tra queste, riguardo me e Lorenzo, la mia insofferenza nel vederlo circondato da altre donne, che comunque lì interpretavano un ruolo, più o meno vero, ma qualcosa dovevano pur scatenare. Così come accadde nel nostro villaggio, quello delle fidanzate. La mia curiosità, partecipando al programma, riguardava il suo modo di comportarsi in mezzo a tante bellissime ragazze, lui che era da sempre così abituato a stare tra donne bellissime. Ma furono soprattutto le sue chiacchiere e un po' la sua insofferenza riguardo la mia voglia di continuare a lavorare, di non dipendere da lui, di non voler lasciare la mia città e il mio lavoro, il mio pensiero per cui annullarsi per un uomo non è mai giusto per noi donne, che fecero uscire tutta la verità sulla mia vita, su tutto ciò che ho dovuto affrontare per rialzarmi.

La sofferenza e la fragilità che mi appartengono, la paura di lasciarmi andare e fidarmi totalmente di un uomo e gli incubi, che ho fatto ogni singola notte per anni, di non riuscire a crescere i miei figli, riaffiorarono tutti assieme nel bel mezzo della trasmissione televisiva più seguita dell'estate 2020. Da parte mia c'era anche il timore che Lorenzo, così abituato a vivere da solo, non avrebbe mai fatto quel passo così importante di venir a vivere con me e i miei bimbi e che forse quel sogno di una famiglia unita sotto uno stesso tetto che non avevo mai vissuto, non si sarebbe mai avverato.

Ho portato in una trasmissione televisiva tutta la verità che è dentro di me e, come coppia, dentro di noi. Ho portato le mie fragilità e, senza vergogna, forse per la prima volta, mi sono spogliata di quella corazza che per tanto tempo mi ha fatto sentire al sicuro da ogni eventuale sofferenza non permettendomi, però, di farmi conoscere e amare per quello che sono veramente. Spogliandomi anche da quell'aria di super donna, che tanto mi faceva sentire forte, la gente ha iniziato a capire quanto, dietro a quell'algida apparenza che mi appartiene dai tempi di Miss Italia, ci sia una donna come tante, che ogni giorno si rimbocca le maniche e, con umiltà, porta avanti una vita semplice, fatta di quei gesti che appartengono a migliaia di mamme che si ritrovano da sole a trasformarsi in *wonder woman* per i propri bimbi o per la propria famiglia, scoprendo una forza di cui neanche noi siamo consapevoli fino al momento in cui la tiriamo fuori.

La mia vittoria partecipando a *Temptation Island* è stata quella di esser stata capita dalle donne, che in me si sono riconosciute e con me hanno, in qualche modo, rivissuto tratti di una vita fatta di paure, fragilità ma anche di una forza sovrumana che ci appartiene e di cui dobbiamo solo essere consapevoli. Ma l'altra mia grande vittoria è stata Lorenzo, perché partecipare a un programma di questo genere con accanto una persona fatta delle tua stessa sostanza e guidata dai tuoi stessi principi significa vincere agli occhi di chi, per anni, ti ha incolpato di insuccessi personali e fallimenti, senza mai pensare che gli insuccessi personali nascono da sé stessi e non certo per volontà altrui.

Terminato il programma, accadde qualcosa di talmente bello che stentavo a crederci: centinaia e centinaia di donne, che si sono riconosciute in me, hanno iniziato a scrivermi ovunque, via mail, attraverso messaggi sui social, tramite vere e proprie lettere in direct su Instagram, raccontandomi la loro storia e le loro sofferenze, aprendosi con me come se io fossi una loro amica da sempre. I miei messaggi sulla libertà, sull'indipendenza, ma anche sulle fragilità e sulle paure che appartengono a tutte le donne, così come le mie idee sul rispetto che dobbiamo pretendere dagli uomini anche davanti a un nostro *no* (qui mi riferisco alla storia di Antonella Elia, mia compagna di viaggio nell'esperienza di *Temptation Island*, che visse momenti di grande dolore come donna), le nostre lotte per essere apprezzate come donne anche se imperfette, il nostro desiderio e

Temptation Island. Manila e Lorenzo con Filippo Bisciglia

bisogno di essere amate nonostante la corazza da super donne che molte di noi indossano quotidianamente, tutto ciò arrivò dritto e senza filtri nel cuore di tantissime donne.

Io, che nella riconoscenza e nella solidarietà femminile ho sempre creduto, nonostante alcune dolorose delusioni (ma anche queste appartengono alla vita), ho ricevuto tante di quelle testimonianze di stima e affetto che quasi piangevo di gioia nel leggerle. Se si ha il cuore aperto per ricevere, tutto ciò a cui siamo destinati arriverà, ma dobbiamo anche noi porci in modo che le cose belle arrivino. Il buono genera il buono, questa la regola in cui ho sempre creduto. Ed è per questo che, quando nei momenti difficili la rabbia stava per prendere il sopravvento, ho lavorato su me stessa per dimostrare a chi mi aveva ferito che ero migliore di lui.

Scrivere queste pagine rappresenta per me uno strumento prezioso per ringraziare per tutto il bene che mi arrivò dopo la trasmissione da tantissime donne che non conosco, ma che attraverso i loro racconti, raccolti gelosamente, in qualche modo fanno parte di me.

La solidarietà e la vicinanza di quelle donne da lì non mi ha più abbandonato, rappresentando una sorta di carezza, qualche mese dopo, quando la vita decise di far provare a me e Lorenzo uno dei più grandi dolori che una coppia possa vivere.

Un grande dolore. Un tabù da sfatare

Quando la storia tra me e Lorenzo cominciò, ammetto che all'inizio ero veramente restia all'idea di avere un altro bimbo: la mia vita era già molto complicata, le mie giornate erano, ovviamente, organizzate in base alle necessità e agli impegni dei miei bimbi, come quelle di tutte le mamme, ma io ero sola, con i miei genitori lontani dalla città in cui avevo deciso poi di vivere, e avevo bisogno anche di lavorare. Insomma, le mie giornate erano e sono un vero sistema a ingranaggi: nel caso si intoppasse qualcosa sarebbe il panico completo. In questo, sono certa, si riconosceranno tantissime donne. Per di più, avevo avuto un'esperienza molto complicata col padre dei miei figli ed è chiaro che la paura di rimanere ancora una volta sola nella cura di un bimbo non mi ha abbandonata molto presto. Ma alla fine mi ha abbandonata, grazie all'amore e alla cura che Lorenzo ebbe, giorno dopo giorno, nei miei confronti, nei confronti dei miei figli e di tutto ciò che girava attorno alla mia vita e alla mia casa. Spesso si parla di "*pacchetto*" riferendosi a una situazione come la mia, ossia mamma sola con due bambini e un mondo complicato da gestire. Lorenzo s'innamorò di questo "*pacchetto*" tanto da far sì che le mie paure riguardo una vita assieme, in tutti i sensi, scomparissero per sempre, lasciando spazio, uno spazio immenso, per sognare una vita tutta nostra.

Un bimbo nostro, nato dal nostro amore, sarebbe stato per me un segno forte di ripartenza, il segno che potevo finalmente sperare nel sogno di quella famiglia unita sotto lo stesso tetto, rincorso per anni e desiderato così tanto da perdere, a un certo punto, ogni speranza che potesse avverarsi. Anche se in realtà, quella speranza, non l'ho mai persa e forse è questo il segreto per realizzare ciò che rincorriamo: non arrendersi! Lo racconto perché ci credo e perché so che funziona così: "*arriverà ciò che siamo e non ciò che vogliamo*", così se restiamo positivi, determinati e forti, allora la vita ci premierà. E se non sarà ciò che desideravamo, vorrà dire che la Vita o un Dio ha altro per noi. C'è un disegno dietro a ogni cosa che accade e, dopo tanto dolore e tante lacrime, ho capito che bisogna imparare ad accettare il disegno creato per noi per non morire di dolore.

Quel bimbo sarebbe stato un dono per Lorenzo talmente grande, che quasi aveva paura a raccontarlo. Lui, che si considera già così tanto fortunato per tutto ciò che è riuscito a realizzare nella sua vita, quasi non osava desiderare un dono così grande dalla vita. Era come se, chiedendo il dono di diventare padre, offendesse il buon Dio che già gli aveva dato così tanto. Lorenzo è questo, un uomo buono e generoso, dal cuore immenso. Eppure lui sarebbe un padre speciale, attento, dolce e premuroso e quel bimbo lo avrebbe meritato tanto. Purtroppo e con grande difficoltà, tuttora, sono costretta a usare il condizionale parlando di quel sogno che abbiamo accarezzato per qualche settimana e poi tornato in cielo, nel cielo azzurro e su quelle soffici nuvole su cui il mio sguardo si sposta ogni qualvolta penso al nostro bimbo che non c'è più.

Il 10 ottobre 2020, il giorno del mio compleanno, rappresenta, ironia della sorte, il momento in cui la mia vita cambiò, nel 2016, sopraffatta dal dolore e dalla solitudine e che, invece, nel 2020 mi regala la gioia dell'amore e di quel "*per sempre*" in cui non ho mai smesso di credere. Quel giorno, in un momento semplice di vita quotidiana, ho ricevuto l'anello da Lorenzo. Così, in tuta, completamente struccata e i capelli raccolti in maniera casuale, arriva quel simbolo d'amore che non avevo mai più osato immaginare nella mia vita, al mio anulare sinistro. Eppure è arrivato o piuttosto "*ritornato*", perché il mio cuore, in fin dei conti, non ha mai smesso di crederci ma aveva solo bisogno di guarire.

Ho pianto come una bimba, lo ammetto, nel momento in cui il mio amore mi ha messo l'anello al dito, come tutte noi donne nel momento stesso in cui viviamo un sogno, diventiamo piccole ed emozionate, chiudiamo gli occhi per poi riaprirli un secondo dopo solo per verificare che sia tutto vero. Siamo tutte così, al di là delle esperienze vissute e di un passato più o meno ingombrante, non smettiamo mai di sognare, anche se ci ripetiamo che non possiamo più permettercelo e che non accadrà più, ma per fortuna abbiamo sempre poca voce in capitolo quando si tratta di sogni, perché il nostro cuore decide per sé.

Così ricordo quel momento e lo ricorderò per sempre perché da quel 10 ottobre 2020 cominciò una nuova fase della mia vita, quella con Lorenzo e con i miei bimbi, come una famiglia. Mi hanno chiesto in tantissimi, da quel giorno, quando ci saremmo sposati. In realtà manca poco al mio divorzio ormai, e anche se non sappiamo quando e se ci sposeremo, Lorenzo e io è come se fossimo già marito e moglie, vivendo un rapporto pieno e totale ogni singolo giorno. Il matrimonio rappresenta per noi un traguardo che, nella realtà dei fatti, già abbiamo raggiunto. Noi siamo oltre, uniti da un sentimento forte e libero, ci scegliamo ogni singolo giorno, ci guardiamo e desideriamo come se fossimo ognuno la metà dell'altro da sempre e niente potrebbe essere più completo e profondo. Con questo presupposto è ovvio che ci piacerebbe, comunque, celebrare il nostro amore, una volta ottenuto il divorzio, con una grande festa tra gli amici a noi più cari e i parenti più stretti, insomma una festa magari su un prato circondati solo da chi ci vuole bene e ha sempre tifato per noi, nonostante le mille difficoltà della nostra storia.

Quel 10 ottobre 2020 fu anche il giorno in cui concepimmo il nostro bimbo, ma questo ovviamente non potevamo saperlo. Era fine ottobre e attendevo il ciclo come ogni mese, solo che quella volta mi sentivo strana: non avevo i miei soliti mal di pancia da sindrome pre-mestruale e neanche mal di testa, ma in compenso avevo disturbi allo stomaco e un olfatto piuttosto intollerante agli odori molto forti. Ma il ciclo non arrivava e non arrivò. Lorenzo e io avevamo deciso di provare, in maniera naturale e senza calcoli, ad avere un bambino, tutto nostro e del nostro amore. Io ho quarantatré anni, sto bene ma l'età biologica è un'altra storia, lo so eccome, eppure so che accade e anche spesso, di diventare mamma dopo i quarant'anni.

Dopo la nascita di Nicolas, avvenuta quando avevo trentaquattro anni, ho sempre pensato che la maternità dopo i quarant'anni sarebbe stato un dono stupendo, perché non hai più le ansie e le paure della giovane età (per quanto io ne avessi avute pochissime, in realtà) ma solo la consapevolezza di quanto un figlio possa arricchire la tua vita e renderla così meravigliosamente complicata, tanto da non poter più immaginare la tua vita senza. Erano trascorsi appena tre mesi da quando avevamo iniziato a provare, ripeto senza alcun calcolo, a concepire un nostro bimbo ed ecco che quel miracolo era avvenuto. Lorenzo non era a Roma quei giorni perché impegnato con la raccolta delle olive nella sua tenuta in Toscana, e io non gli dissi nulla, non feci mai alcun accenno al mio ritardo. Perché non potevo crederci neanche io, sembrava impossibile, eppure i sintomi c'erano e il ritardo pure. Adesso ricordo quei giorni col sorriso, perché, nonostante il grande dolore vissuto qualche settimana dopo, già quelle sensazioni a noi donne ci fanno sentire madri. Non dormivo la notte, ero agitata, a tratti felice e a tratti impaurita che magari il ciclo potesse arrivare da un momento all'altro e far sfumare quel sogno che già vivevo così forte. Il 30 ottobre chiesi al mio miglior amico Marco di comprarmi un test di gravidanza.

Vissi quei giorni da sola ed ero così gelosa di quella sensazione di serenità e incredulità che stavo vivendo, da non averlo raccontato a nessuno. Avevo paura di fare quel test perché avrebbe potuto confermare che davvero stavo vivendo il sogno più grande mio e di Lorenzo, così come avrebbe potuto far svanire in un istante quella sensazione di cui ero così gelosa.

La mattina successiva, alle 6:00, non riuscendo più a chiudere occhio, decisi di fare quel test. Fu un tuffo al cuore. Fui investita da una felicità di cui non conoscevo l'esistenza, perché inaspettata e simbolo di una nuova vita e di una ripartenza per me e di un grande dono per Lorenzo. Comparvero immediatamente due linee su quel test: ero incinta!

Piansi guardando per un'ora continua quel test positivo e so che in queste parole si riconosceranno tantissime donne che magari per mesi e mesi sperano in un benedetto test di gravidanza positivo e che quando meno se lo aspettano, come spesso accade, quel test risulta finalmente positivo. In quel preciso istante ti senti mamma, diventi mamma, e poco cambia se mamma già lo sei o non lo sei ancora. Davanti a quel test positivo siamo tutte uguali, con le stesse emozioni e brividi sulla pelle, la voglia di urlarlo al mondo e raccontarlo a chiunque ma sai che la prassi non è questa, che bisogna aspettare il compimento dei tre mesi per rasserenarsi un po' e iniziare magari a condividere la bella notizia.

Completamente entusiasta ed estremamente positiva, non sapevo quando e come dirlo a Lorenzo. Lui non sarebbe venuto a Roma ancora per qualche giorno, così all'inizio pensai di aspettare che tornasse a casa per dirglielo, magari con una sorpresa. Non avevo idea sinceramente di come avrei potuto preparare una sorpresa ma, in realtà, questa idea sfumò dopo pochi minuti, perché stavo impazzendo dalla voglia di condividere con il mio amore la nostra gioia, e non avrei potuto resistere un istante di più! Così decisi, alle 7:00 del mattino, un'ora dopo aver fatto il test di avvisarlo e lo feci con una foto. La foto del test positivo e queste parole: «*Buongiorno amore, non potevo aspettare oltre per dirti che il tuo caro papà che non c'è più ha fatto il miracolo, regalandoci la gioia che sognavamo. Ti amo*».

Lorenzo perse il suo caro papà pochi mesi prima di conoscermi, e so per certo che ogni sua preghiera è indirizzata a lui, così come sono certa che con lui più volte si confida guardando il cielo e, chissà quante volte, avrà chiesto il dono di un bimbo. Questo lui non me lo ha mai raccontato ma sono sicura che avviene ogni giorno.

Lorenzo sentì lo squillo del messaggio sul suo cellulare e si svegliò all'istante, un po' preoccupato, considerando l'orario così mattutino. Lesse il messaggio e credo che lo guardò e rilesse più volte, assicurandosi di aver letto bene. Questo immagino io, dato che vidi il momento in cui aprì il messaggio nella nostra chat di WhatsApp e mi chiamò dopo che era passato qualche minuto. Non riesco ad immaginare che faccia potesse avere in quel momento e un po' mi pento di avergli comunicato una notizia così bella al telefono, ma io impazzivo dalla voglia di svegliarlo e dargli la notizia che non avrei potuto aspettare neanche un minuto di più, figuriamoci giorni.

Quindi mi chiamò e mi disse: «*Stai scherzando? È uno scherzo vero?*».

Io ridevo al telefono e gli dicevo che era assolutamente vero! Quanto eravamo felici non si può descrivere! E quanto lo siamo stati nelle settimane successive, quando ai primi controlli e alle prime ecografie iniziammo a vedere questo piccolo fagiolino che era tutta la nostra vita, tutto il nostro amore. Quando chiudo gli occhi, rivivo perfettamente quei momenti, quella gioia, quegli sguardi tra noi che cercavano di celare il più possibile un segreto così prezioso per noi. Ma ricordo anche la nostra serenità riguardo l'andamento della gravidanza, perché il piccolo cresceva tanto, esattamente come le mie forme, già leggermente più tonde sulla pancia e sul seno. Le mie due gravidanze precedenti erano state assolutamente serene, cosicché non ho mai considerato il fatto che qualcosa potesse andar male. Ma non avevo considerato il fattore età, che alza la probabilità di interruzione spontanea della gravidanza. No, non lo avevo né considerato né mai pensato, ma non per una questione di leggerezza, semplicemente perché eravamo talmente inondati da una marea di felicità che nessun pensiero negativo ci sfiorò. Non mi pento di non avere mai pensato a eventuali problemi che sarebbero potuti arrivare, perché ciò ci permise di vivere quello tsunami di felicità totalmente e, insieme, ce lo siamo goduti fino all'ultimo istante. Purtroppo quell'ultimo istante arrivò troppo presto.

Ero entrata nel terzo mese di gravidanza, nella settimana in cui avremmo dovuto ascoltare per la prima volta il battito cardiaco del nostro piccolo angelo e così ci recammo a fare un'altra ecografia. Era il 17 novembre 2020, data che ricorderò per sempre, perché quel giorno vidi il viso di Lorenzo cambiare talmente tanto espressione, quasi da non riconoscerlo. Il dottore non parlava e quel silenzio fu come una tempesta per me. Cercavo gli occhi di Lorenzo, che cercava di non guardarmi, perché lui aveva capito tutto prima di me e prima che il dottore parlasse.

Le parole lapidarie «*non c'è battito*» e il silenzio che seguì mi aprirono in due il cuore. «*Ma magari è prematuro!*». Riuscii a dire solo questo. Il dottore percepì il mio dolore: «*Forse. Me lo auguro! Aspettiamo una settimana magari. Intanto continuiamo a monitorare il valore delle Beta hcg*». Ma quel valore così alto nei giorni precedenti iniziò a scendere piano piano. Non bastarono le nostre preghiere e i miei pianti, perché il controllo successivo dichiarò che era avvenuto un aborto spontaneo.

Impossibile descrivere i giorni che seguirono e il dramma che vivemmo. Il dolore che ho provato era talmente profondo da togliermi a tratti il fiato e le parole. Avevo il mio bimbo in pancia e io lo sentivo ancora anche se i controlli raccontavano altro. Non volevo e non potevo abbandonare l'idea che il nostro bimbo non ci fosse più, mentre Lorenzo elaborò il dolore in maniera differente. Lui accettò immediatamente il fatto che la gravidanza si fosse interrotta e, con grande concretezza, abbandonò subito la speranza che magari fosse solo una questione di settimane di gestazione. Lui preferì così, ripetendosi all'infinito, che era troppo bello per essere vero e, come aveva sempre pensato, lui padre non sarebbe mai diventato. Io, invece, non riuscivo ad accettare che il nostro bimbo non ci fosse più, fino a quando dovetti affrontare una delle esperienze peggiori per una donna: il raschiamento. Un'esperienza talmente dolorosa che non esistono parole giuste per poterla raccontare.

Una settimana dopo, il 25 novembre, mi recai in ospedale per sottopormi all'intervento di raschiamento. Da sola, senza che qualcuno potesse starmi accanto, causa emergenza Covid. Ma lì scoprii che non ero sola. Eravamo tante e ognuna con la propria età e con la propria storia, ma tutte accomunate dallo stesso dolore che non si può raccontare, perché solo se lo vivi puoi capirlo.

Ricordo a sprazzi quella giornata, come se la mia testa avesse bisogno di non ricordare per non rivivere quelle stesse identiche fitte che dallo stomaco arrivano fino alla testa, con quella sensazione e quel dolore che si prova con un vero e proprio lutto. Perché è proprio questo: un vero e proprio lutto. Al di là di quello che da fuori si può immaginare o pensare, io quel bimbo lo sentivo forte e presente. Poco importa se le settimane di gestazione sono sette, otto o quaranta. Per una mamma è uguale: nella mia pancia, rotonda e piena, avvertivo il frutto del grande amore tra me e Lorenzo. E quando arrivai lì ebbi la conferma che per tutte è la stessa cosa.

In quella sala d'attesa c'era una ragazza pronta al parto, con i primi dolori da travaglio, che io ricordavo bene, e in quel momento io sorridevo nonostante avvertissi la morte dentro. Davanti a una nascita imminente c'è solo da sorridere, perché la vita, una nuova vita, è sempre un dono. Così presto, nella sala d'attesa del pronto soccorso ginecologico del Fatebenefratelli, sulla Cassia, c'erano già due ragazze pronte al parto, e ce n'erano altre tre nella mia stessa condizione. Ci guardavamo e ci scrutavamo, come se ci mandassimo segnali inconsci di aiuto, perché in quel momento vuoi star sola con il tuo dolore e le tue lacrime... quelle che erano scese sul mio viso appena avevo aperto gli occhi quella mattina. Ma, in fin dei conti, condividere quello stato d'animo con donne completamente sconosciute sembrava, in quell'istante, una sorta di medicina. Più avanti capii che ciò sarebbe valso anche per tantissime altre donne che avevano attraversato lo stesso dolore.

Arrivato l'esito del tampone anti-covid di controllo, mi accompagnarono nella stanza del reparto di ginecologia. Lungo il tragitto passai davanti alla sala travaglio e, in quel preciso istante, ascoltai il pianto di un bimbo nato in quel momento. Mi girai e vidi un ragazzo che piangeva e saltava dalla gioia e fu lì che immaginai Lorenzo. Proprio così. Immaginai il mio amore nel momento in cui sarebbe nato il nostro bimbo. Silenziosamente lacrime scesero incontrollate da sole, mentre l'infermiera mi raccontava che, essendo giornata di luna piena, si aspettavano tante nascite, proprio in quella giornata. Già, proprio quando avrei dovuto salutare il mio piccolo in pancia, tanti altri stavano per vedere la luce e incrociare gli occhi di due genitori, magari innamorati proprio come me e Lorenzo. È la vita e, in fin dei conti, accettarla nei momenti bui ti permetterà di apprezzarla ancora di più nei momenti di luce. Il mio sguardo incrociò, in quell'istante, una statua della Madonnina e a lei rivolsi la mia ultima preghiera prima di salutare il mio bimbo. Le avevo promesso che avrei dato al mio piccolo il secondo nome Maria, a prescindere dal sesso, e le sussurrai che quella promessa era solo rimandata.

Nella stanza non fui sola. Dopo qualche minuto, arrivarono altre due ragazze che, come me, avrebbero dovuto subire il raschiamento per aborto spontaneo. Lì per lì pensai che avrei preferito esser sola in quel momento, perché sapevo che sarei dovuta andare incontro a un iter doloroso fisicamente e psicologicamente. Ma alla fine della giornata, ringraziai Dio per non avermi lasciata sola. La presenza di quelle due ragazze, le loro storie e il loro stato d'animo così simile al mio, mi fece sentire un po' più forte e meno sola. In quel momento c'era accanto a me effettivamente qualcuna che capiva cosa la mia testa e il mio cuore stavano attraversando. Una, in particolare, così giovane, era già alla sua seconda esperienza di aborto spontaneo e le chiesi come fosse possibile superare quel dolore per ben due volte. Lei mi rispose che la vita ti insegna a superarlo, che l'amore per il suo compagno non l'aveva mai lasciata sola e che, proprio in nome di questo amore, lei non poteva arrendersi al dolore senza riprovare a realizzare il loro grande sogno. Lei, Pamela il suo nome, così giovane e coì diversa da me, mi stava raccontando che non era giusto per sé stessa e la sua storia d'amore arrendersi, perché la vita non può sempre negarti la gioia. Prima o poi, se non ti arrendi, arriva.

Così, assieme e vicine di letto, affrontammo i primi momenti di preparazione all'intervento. Degli ovuli iniziarono a provocarci, piano piano, contrazioni sempre più forti e da lì in poi i miei ricordi sono offuscati. Ricordo che andai in bagno e lì vidi qualcosa che mai avrei voluto vedere. Ho affrontato qualcosa che solo una donna può affrontare. Siamo, per forza di cose, esseri così speciali da chiederci di salutare il nostro bimbo nella solitudine e nel freddo di un bagno di ospedale.

Tornai a letto e chiusi gli occhi. La mia mente attraversò, come in una sorta di viaggio, la memoria da quel test positivo, i miei pianti, le urla, i messaggi a Lorenzo, le sue lacrime di gioia, le sue carezze sulla mia piccola pancia, pronto a proteggere quel piccolo esserino da tutto e tutti, la scommesse sul sesso e sul nome... e poi le sue lacrime, come un bimbo, dopo quella maledetta visita in cui non sentimmo il battito del piccolo cuoricino.

È difficile scrivere queste pagine: il mio viso è nuovamente bagnato da quelle stesse lacrime e mi interrompo spesso per liberare quei sospiri che mi danno la forza di essere qui a raccontare.

Pamela mi guardò nel momento in cui abbassai la mascherina per prendere fiato e mi riconobbe. Ero io, la Manila che solo poco tempo prima in una trasmissione televisiva, record di ascolti, aveva raccontato tutta la forza dell'essere indipendente e delle lotte portate avanti per anni per non dipendere da nessun uomo. E ora mi vedeva così fragile, esattamente come lei. Mi disse: «*Spesso si pensa che a voi dello spettacolo una cosa del genere non possa mai accadere*». Mi chiesi perché. E lì capii che qualcosa di sbagliato e, a tratti, inumano veniva trasmesso dalla TV piuttosto che dai social. Le risposi: «*Pamela, io sono come tutte le donne, come te, e il dolore, così come le imperfezioni, appartengono a tutte noi*». Solo che si ha paura di raccontarlo perché viviamo in una società in cui regna sovrana la perfezione, finta nella maggior parte dei casi, ma questo si chiede e questo si dà. Sbagliando, perché questo fa sentire sbagliato chi il dolore e l'imperfezione la vive quotidianamente senza avere il potere di combattere queste sensazioni devastanti.

La vita mi ha insegnato più volte che dal dolore si esce cambiati, ma la vera vittoria, così da non rendere vano tutto il dolore vissuto, è cambiare in meglio. Sapevo che qualcosa sarebbe cambiato dentro me dopo la perdita del mio bimbo, ma non sapevo esattamente ancora cosa. Sarebbero state migliaia di donne, nei mesi successivi, a raccontarmi quale sarebbe stato quel cambiamento. Migliaia di sconosciute che si sono riconosciute nelle mie parole e nel mio dolore e mi avrebbero poi raccontato come uscirne e ritornare a vivere. Migliaia di storie, anche così diverse e a tratti dolorosissime, condivise con me. Capivo che per loro era una sorta di cura o consolazione scoprire che anche noi dello spettacolo possiamo provare quel tipo di dolore. Ma lo dico nell'accezione più positiva, perché la colpa è soprattutto nostra che ci limitiamo a raccontare solo ciò che di bello ci accade e a nascondere i dolori per non apparire imperfetti o deboli. Perché, in maniera diffusa e nella percezione dell'opinione pubblica e popolare, è bello ciò che è forte e perfetto. No, non è affatto così: è bello ciò che è vero! E quelle stesse donne me lo hanno insegnato. Così come mi hanno insegnato a non smettere di credere e sperare che il sogno mio e di Lorenzo si possa un giorno avverare, attraverso centinaia di storie a lieto fine, perché è necessario che si sappia che il lieto fine avviene nella grande maggioranza dei casi. Ed è grazie a loro che non ho mai smesso di sognare quel bimbo che avrebbe rappresentato un segno fortissimo della nostra nuova vita.

Parlarne rappresenta una presa di posizione forte e chiara nei confronti dell'ennesimo tabù a cui noi donne dobbiamo sottostare. Perdere un bimbo, avere un aborto spontaneo, non è così importante, ci raccontano, perché dopotutto era solo poco più di un fagiolino, non era un vero bimbo e quindi perché raccontarlo? Significherebbe raccontare che si è fallito, che non siamo riuscite a portare avanti qualcosa per cui il corpo femminile è stato creato, programmato e quindi siamo imperfette, incomplete. E il fallimento, così come l'imperfezione, sono cose assolutamente non contemplate dalla società in cui viviamo. E ancora, se sei già mamma soffri meno rispetto a chi un figlio ancora non lo ha. Questa è forse la frase che più mi ha fatto arrabbiare, perché il fatto che io, come tante donne, siamo già madri non compensa il dolore della perdita di un figlio. Nulla compensa il dolore della perdita di un figlio, nulla compensa il dolore di una gravidanza tanto desiderata e interrotta, ma solo la pazienza e l'amore di chi ti ama e capisce che stai soffrendo cura la profonda ferita con cui sei costretta a convivere tutti i giorni. Sono stata giudicata per aver deciso di condividere la mia storia ma, a testa alta e con lo sguardo proiettato avanti, mi sono sentita investita di una grande responsabilità da centinaia di donne che hanno deciso di condividere il loro dolore con me, raccontandomi le loro storie. Sono qui anche per loro, per tutte coloro che, a distanza di anni dalla perdita del loro bimbo, si vergognano a esternare il loro dolore anche al loro compagno, perché non capirebbe. Lorenzo mi ha insegnato, piuttosto, non solo che gli uomini capiscono, ma vivono lo stesso tipo di dolore, e chiudersi in sé fa male solo alla coppia. Anche Lorenzo e io abbiamo sfiorato momenti di grande difficoltà dopo il nostro dolore, perché abbiamo rischiato di fare l'errore di non "raccontarci", ma ci siamo fermati giusto in tempo per curarci a tal punto che il nostro amore è "cambiato in meglio".

Qui ho deciso di condividere parte delle storie che mi sono state raccontate, alcune estremamente dolorose, altre pregne di speranza. Le troverete nel capitolo successivo e sono tutte anonime, nel rispetto, non solo della privacy, ma anche e soprattutto delle confidenze che mi sono state fatte, in piena fiducia.

Il cielo è popolato da tutti quegli angeli che per poche settimane o mesi hanno arricchito le nostre vite. Tra di loro c'è anche il nostro, mio e di Lorenzo, che noi abbiamo sempre immaginato femminuccia, con i miei occhi e la sua carnagione. Abbiamo fantasticato tanto, Lorenzo e io, e ora non nascondo che, a volte, continuo a farlo da sola guardando il cielo.

Quel 25 novembre ha segnato per sempre la mia vita e ogni 25 del mese rivolgo un preghiera al cielo per dire al mio angelo che non l'ho dimenticato. Anzi, sono certa che lei (o lui) farà strada a un bimbo arcobaleno che andrà ad allietare le vite di tante coppie che questo dolore lo hanno provato, anche più volte. Non so se è nostro destino quell'arcobaleno, ma ringrazio quel dolore per avermi dato la forza di diventare ancora più vera e quindi migliore.

Manila e Lorenzo

Le testimonianze delle mie amiche virtuali

Ciao Manila, ti sono vicina. Riesco a percepire benissimo il tuo dolore, perché è stato anche il mio ad agosto 2020. Ho trentun'anni ed era il mio primo bambino. Il 2020 mi ha devastata fisicamente e psicologicamente. Adesso sto meglio, ma penso che questo dolore rimarrà per sempre nel cuore. Eppure non mi abbatto e spero che il nostro desiderio di allargare famiglia si avveri presto! Ho sempre combattuto per realizzare i miei sogni e ci sono sempre riuscita. Sarà così anche questa volta e lo sarà anche per te!

Ho appena visto la tua intervista. GRAZIE Manila per esser stata la nostra portavoce, mi hai dato molta forza con le tue parole.

Ciao Manila, ho subito il tuo stesso dolore l'8 ottobre 2020, ero incinta di sedici settimane e purtroppo il cuore della mia bimba non batteva più da venticinque gg! Sto passando i tre mesi peggiori della mia vita e dopo aver visto la tua intervista ho pianto tanto, perché è un dolore silenzioso e chi non ci passa non può capire. Grazie alle tue parole sto cominciando a farmi forza! Siamo donne e siamo forti e ti auguro con tutto il cuore di avere il bimbo arcobaleno, proprio come lo sto cercando io, ma ancora non arriva.

Cara Manila, oggi ti ho vista in TV *e mi dispiace tanto per la perdita del vostro bambino, ma ti capisco perfettamente, perché lo stesso identico dolore mi lacera ancora il cuore giorno dopo giorno. Vi abbraccio forte.*

Ciao Manila, ti ho seguita a Verissimo. *Quanta commozione. Anche io e il mio compagno a febbraio abbiamo perso il nostro piccolino a nove settimane di gravidanza. Ma il sole arriva per tutti e il prossimo mese arriverà il nostro bimbo arcobaleno. Spero proprio il giorno del mio compleanno. Arriverà anche per voi, ne sono sicura. Sei speciale!*

Ciao Manila, mi dispiace tanto per quello che vi è accaduto. Io e il mio compagno abbiamo perso il nostro piccolo proprio come è accaduto a te e ogni mese sto male perché ancora non arriva. La vita spesso ci fa attraversare tempeste talmente forti che abbiamo paura di non uscirne vivi, ma poi ne usciamo, con qualche cicatrice di troppo che ci porteremo dentro per tutta la vita. Dopo la grande tempesta arriva sempre l'arcobaleno che ci porta gioia e speranza. Vi auguro che il 2021 *vi porti il vostro amore.*

Cara Manila, ho apprezzato tanto che tu abbia condiviso con tutte noi il tuo dolore. Io di bimbi ne ho persi quattro, sentendomi dire di tutto. Purtrop-

po è un argomento tabù di cui nessuno parla, quasi come se ci dovessimo vergognare o dovessimo aver paura. Con tanta pazienza, un dottore ha capito il mio problema e oggi aspetto il nostro Leonardo che nascerà fra un mese. Vi auguro un 2021 pieno d'amore, dove il vostro sogno possa diventare realtà. E ti abbraccio, perché un forte abbraccio vale più di mille parole. Arriverà la felicità che ti farà esplodere il cuore di gioia e io aspetto di leggere la bella notizia!

Ci sono momenti in cui il dolore è così forte da spingerti a scrivere a chi il tuo dolore lo capisce e lo conosce fino in fondo! Ho perso il mio bimbo ad aprile. Eravamo andati dal dottore per un'ecografia di controllo ed eravamo emozionati. Avremmo sentito nuovamente il cuore di nostro figlio battere! Ma una frase che ancora rimbomba nelle mie orecchie dice: «Non c'è più battito. Il vostro bimbo non ce l'ha fatta». Ero alla dodicesima settimana ed era un anno che lo cercavamo. Eravamo così felici. Non mi sono più ripresa. Il dolore anche della perdita della nostra cagnolina, dopo poco, mi sta uccidendo dentro. Ci sono sere in cui il dolore non mi dà tregua, è talmente forte da togliermi il respiro. E, tra le lacrime, mi scuso, perché non volevo rattristarti, ma so che tu puoi capirmi.

Ciao Manila, solo ora ho trovato il coraggio di scriverti. Ho seguito ciò che ti è successo e mi dispiace davvero tanto. A dicembre ho scoperto di essere incinta ed eravamo al settimo cielo perché avremmo dato un fratellino o una sorellina al nostro piccolo. Nausee fortissime e stanchezza, eppure alla visita di controllo il mio cuore si è fermato perché il battito del nostro piccolo non c'era più. Martedì dovrò affrontare il raschiamento e sono spaventata. Ti ringrazio per aver condiviso la tua storia. Ripensando alle tue parole arriva un po' di forza.

Non *dimenticheremo mai ciò che ci è accaduto, anche se il nostro bimbo arcobaleno adesso ha cinque anni. È un dolore, una ferita che piano piano si sta cicatrizzando, ma come tutte le ferite restano e lasciano il segno. Nessuna donna dovrebbe provare questo dolore, ma purtroppo accade a tantissime donne. Cerca di essere forte e positiva, di riprendere l'energia e la forza che ti serve, perché arriverà il tuo raggio di sole, il tuo arcobaleno. Sei una donna splendida e buona e ti auguro ogni bene e di realizzare il tuo sogno!*

Ciao *Manila, mi chiamo S. ed è un piacere scriverti. Ho ascoltato in TV il tuo vissuto e mi sono commossa perché ho rivissuto quel dolore che conosco benissimo. Ho perso il mio bimbo al sesto mese di gravidanza. Il bimbo così tanto desiderato... un dolore immenso. Purtroppo non sono riuscita ad essere forte subito, ho avuto un lungo periodo buio ma grazie alla forza della mia famiglia e di mio marito ne sono uscita. Mi sono rivista nei tuoi occhi, nelle tue lacrime e nel tuo dolore. Sei una bellissima persona e noi donne, che abbiamo provato un dolore simile, non possiamo che ritenerci delle guerriere, perché solo chi lotta con tutte le sue forze per riprendere in mano la vita può ritenersi una guerriera! Dopo quattro lunghi anni ho avuto il mio bimbo e sono rinata. Lui è tutta la mia forza e mi auguro con tutto il cuore che presto riuscirete ad avere il vostro, perché niente potrà cancellare il passato e quello farà sempre parte di noi, ma impareremo a conviverci col tempo e tante gioie arriveranno. Ve lo auguro con tutto il cuore!*

Ciao Manila, scusa se mi permetto di scriverti ma ho seguito la tua intervista. Ho ventitré anni e fino a qualche settimana fa ero felicissima di essere in attesa. Nove settimane e, proprio come te, il cuore non batteva più. Mi è crollato il mondo addosso, non sapevo si potesse provare un dolore simile, quello stesso dolore che avevi tu negli occhi. Noi donne non dovremmo mai provare questo. Sono giovane ma il dolore resta. Grazie per la forza che mi hai dato. Ti ammiro!

Vi seguo dai tempi di Temptation Island *e mi siete piaciuti tanto per il vostro modo di essere, per il vostro amore sincero e puro, siete davvero belli insieme e gentili, per questo siete arrivati dritti a tantissime persone che, come me, vi vogliono bene. Quello che vi è successo purtroppo capita a tante coppie e spesso parlarne fa male perché ci si sente inadeguati e incompresi, ci si vergogna. Io l'ho provato ma sapere che non si è soli fa bene. Anche se oggi ho tre bimbi non potrò mai dimenticare il dolore passato. Dolore che poi mi ha unito ancora di più a mio marito, come accadrà per te e Lorenzo. Capisco anche la tua paura, ma se io non fossi andata oltre, ora non avrei i miei tre splendidi bimbi.*

Tenetevi per mano e vedrete che tutto si realizzerà. Dio vi benedica e sappiate che io e mio marito vi pensiamo nelle nostre preghiere, sicuri e certi che presto darete la più dolce notizia che ci sia.

Volevo ringraziarti, perché le tue parole mi hanno dato forza. Purtroppo nove mesi fa ho vissuto il tuo stesso dramma. Ero così felice, toccavo il cielo con un dito e poi all'improvviso non c'era più. Un dolore fortissimo a cui penso tutti i giorni e che non riesco a dimenticare Era la mia prima gravidanza e ho incontrato la persona giusta a quarant'anni. Aspetto che arrivi il mio arcobaleno.

Ciao Manila, ho visto la tua intervista e voglio ringraziarti perché hai detto cose vere e importanti. Ho una bimba di quattro anni, ma anche io, come te, un anno e mezzo fa ho avuto un aborto spontaneo alla nona settimana. Aspettavo due gemelli... Non avevo sintomi strani per cui ero felicemente ignara di quello che mi stava accadendo. Non era una gravidanza programmata ma abbiamo sofferto molto. Ci siamo ripresi grazie all'affetto di amici e parenti. Parlarne fa bene, non è un tabù e non deve esserlo. Grazie per la tua testimonianza e per il tuo coraggio. Ti auguro mille milioni di cose perché te lo meriti e credo che i nostri bimbi arcobaleno se la stiano spassando lassù nel cielo e magari un giorno, chi lo sa, li rincontreremo.

Mi dispiace tantissimo per la perdita del vostro bimbo. Anche io purtroppo ho perso la mia prima bimba, desiderata tantissimo, al sesto mese e in piena pandemia. Ho affrontato il parto da sola e, considerata la mia età, ho paura che il mio sogno non si avveri mai. Pensavo che il dolore sarebbe passato prima o poi, ma ancora adesso non riesco a parlarne senza piangere. Però io e mio marito NON CI ARRENDIAMO! *Ho cominciato le cure per realizzare il nostro sogno. Non arrendetevi mai!*

Ciao Manila, la tua intervista mi ha fatto rivivere un momento molto intenso della mia vita e ho pianto assieme a te. Ma voglio anche raccontarti che, dopo tre anni dal mio aborto, ho dato alla luce il mio arcobaleno, Alice. Lei ci ricorda che dopo la tempesta c'è sempre l'arcobaleno.

Ciao Manila, dopo due aborti e un dolore immenso, che non riuscivo ad accettare, io e mio marito ci siamo ritrovati più forti che mai. E senza aver mai perso le speranza, proprio oggi ho scoperto di essere nuovamente incinta. Non ti nascondo che questo mi crea non poca ansia, ma è successo tutto in quest'anno. Il mio messaggio è di non perdere mai la speranza perché la luce in fondo al tunnel c'è sempre. Cercherò di rimanere positiva e lo farò per me, perché donne come noi lo meritano.

Ciao Manila, ti sto ascoltando e sono in un fiume di lacrime. Ho vissuto il tuo dolore e so cosa stai vivendo. Grazie per la tua testimonianza, grazie per aver condiviso il tuo dolore. Ti abbraccio forte. Sei una donna meravigliosa.

Ciao Manila, anche io ho scoperto che il cuoricino del mio bimbo si era fermato. Ho paura che possa riaccadere, ma non mi fermo. Ti sono vicina e capisco quello che stai provando. Ti abbraccio.

Ciao Manila, vi siamo vicini. Noi abbiamo Gabriele, ma un angioletto è volato via alla quindicesima settimana e poi un altro all'undicesima. Mio marito l'ha presa malissimo e, proprio come Lorenzo tuo, non ne voleva sapere più di riprovarci. Ho sofferto in silenzio, non volevo forzare, ma nel cuore desideravo riprovarci. Così, dopo qualche mese, ci abbiamo riprovato ed è arrivata la mia RAINBOWBABY *che ha due anni. So cosa provi e fai bene a parlarne, perché certe frasi come* «Meglio così se doveva nascere malto», *oppure* «Eri solo all'inizio», *o, ancora,* «Non era destino»: *sono solo coltellate per noi. Mi dicevano di non dirlo a nessuno, altrimenti ero solo compatita. Tra le tante, la frase che più mi faceva male era:* «Uno già lo hai, non ti basta?». *Ma non ho mollato, nonostante tutto, e non lo devi fare neanche tu!*

Cara Manila, sono una donna di trentatré anni che conosce benissimo il tuo dolore. Più volte ci sono passata con le tue stesse motivazioni, fino alla botta finale al sesto mese. Solo chi lo prova può capire cosa significa avere il cuore a brandelli. I sensi di colpa, sentirsi "difettata". Non penso passerà mai questo dolore, anche se ora ho il mio bambino, che è la luce dei miei occhi, il mio ossigeno, il mio tutto. Ma nessun figlio sostituisce un altro figlio. La paura di cui parla Lorenzo la conosco bene e per que-

sto ho paura a riprovarci. Sento frasi come: «Non puoi lasciarlo figlio unico altrimenti sarà solo per sempre», oppure «Sei egoista», o ancora «Quando ne fai un altro?». Non so perché racconto a te queste cose che a stento dico a mio marito ma voglio ringraziarti, perché parlandone non sono più sola.

Una gioia indescrivibile dopo tanto tempo e tanta sofferenza. Ti posso dire che passano i giorni ma nel mio cuore porto ancora tanto dolore. Però, come dicevi tu, si va avanti e si affronta la vita. Noi ora siamo felici, anche se parte del mio cuore sarà sempre in cielo con il mio bambino. L'arcobaleno c'è per tutti. Mi ha fatto bene ascoltarti mentre raccontavi la tua storia in tv. Le persone a volte parlano non per cattiveria ma per ignoranza e non capiscono. I dolori vanno rispettati e compresi. Forse per te è ancora troppo presto ma ti auguro di vivere quella gioia. Sei una grande donna e ti sono vicina.

Ti sto guardando in TV. Quel dolore di cui parli lo conosco perché l'ho vissuto più di undici anni fa e ancora ci soffro tanto. Io non ho più speranze ormai di realizzare il mio sogno, ma voi andate avanti e non arrendetevi.

Mi sono commossa ascoltandoti, perché ho vissuto quel dolore cinque anni fa poco prima di Natale. Mi sentivo vuota, proprio come hai raccontato tu. Ma voglio lasciarti un messaggio positivo perché dopo due mesi ho scoperto di aspettare il mio bambino che ora ha quattro anni e, tieniti for-

teeee, due anni dopo sono arrivati due gemellini! Ho sempre pensato che qualcuno ci abbia voluto ripagare di quella perdita. Quindi ti mando un forte abbraccio e ti ringrazio per averne parlato, perché, quando accadde a me, lo dissi solo ai familiari stretti, forse sbagliando.

Ciao Manila, *quanto ho pianto con te! Mi sono rivista in te e in quel senso di vuoto che solo una donna che ha perso un bimbo può capire. Adesso tutte abbiamo angioletti in cielo che ci proteggono.*

Ciao Manila, *grazie per avermi fatta sentire meno sola. Dopo Leonardo, che ha sette anni, ho vissuto il grande dolore di due aborti. Mi sono sentita inadeguata e in colpa, anche se, col tempo, ho capito di non aver avuto responsabilità. Ci sono stati momenti in cui mi sono sentita un fallimento come mamma e donna. Amo mio marito e mio figlio, ma quel dolore resta dentro per sempre. Grazie per la tua condivisione. Un dolore condiviso è un dolore dimezzato.*

Cara Manila, *voglio anche io condividere la mia storia con te. Dopo l'aborto, il dolore e una patologia benigna, è arrivata la gioia della gravidanza. Ora sono a dodici settimane! Grazie per le tue parole: un dolore condiviso è un dolore dimezzato. Questa espressione mi ha fortificato e, se sarà femminuccia, uno dei nomi candidati è Manila.*

Ciao Manila, *il 27 ottobre 2015 il mio bimbo non c'era più. Per dodici settimane l'ho cullato dentro me. Inconsolabile, piangevo giorno e notte, un vero e proprio lutto. Poi a febbraio 2016 il mio bimbo arcobaleno era dentro me e, a un anno esatto dall'aborto, è nato lui che ha riempito il mio cuore! Non perdere mai la speranza di abbracciare il tuo bimbo arcobaleno!*

Cara Manila, ho provato il tuo stesso dolore e ti sento vicina. Ma voglio anche raccontarti che, due mesi dopo l'aborto, sono rimasta incinta della mia bimba meravigliosa, che ha appena compiuto un anno. Tutto è accaduto per me nel mese di gennaio, forse un segno del destino. Io sono con te e la tua gioia arriverà, così da superare quel dolore. E ogni volta che volgerai il tuo sguardo al cielo saprai che c'è una stella che brilla più delle altre ed è quella del tuo bimbo mai nato che è sempre con te!

Ciao bella Manila, anche io ho perso un bimbo l'anno scorso, ero al quarto mese di gravidanza. Una signora in ospedale mi disse che anche lei da giovane ne aveva perso uno e che un prete le disse che quei bimbi erano anime bianche che hanno bisogno di non essere dimenticate. Io, tu e tantissime mamme e papà non dimenticheremo mai quel figlio mai nato. UNA GIOIA CONDIVISA È UNA GIOIA RADDOPPIATA, UN DOLORE CONDIVISO È UN DOLORE DIMEZZATO.

Ciao Manila, mi hai commossa. Mi sono emozionata ascoltando la frase che ti ho scritto, perché ora so che ti ha lasciato qualcosa. Sei stata la nostra voce. GRAZIE. *La mia storia è simile alla tua e mi sono rivista in tutto. L'anno scorso, quando ho perso il bimbo, avevo quarant'anni con due figli adolescenti, ma con il mio compagno desideravano tanto quel bimbo. Anche a me si vedeva già il pancino. Però, quando portai anche i fratelli alla visita per ascoltare il battito, questo non c'era più. Sei stata forte, ma come diceva Barbara D'Urso: «La paura è la più grande nemica della vita e quindi non mollare!».*

Cara Manila, non piangere. Conosco il tuo dolore. L'ho vissuto e mi ha lasciato un vuoto immenso. Quando il ginecologo mi dimise mi disse: «Signora non pianga! Ci riprovi!». Così, a quarantadue anni, quando non ci credevo più, a distanza di sei mesi dall'aborto, sono rimasta nuovamente incinta. È nata Matilde, una gioia immensa e sono una mamma felice. Non perdere la speranza e credici sempre! Dirò una preghiera per te.

Ciao Manila, non so se leggerai mai il mio messaggi, ma volevo dirti che ho pianto assieme a te. A novembre ho perso la mia bimba a diciotto settimane di gravidanza, perciò so come ti senti e cosa stai passando. Ti abbraccio forte.

Ciao Manila. Ho perso un bimbo come te ma ho combattuto senza mai arrendermi fino a quando sono rimasta nuovamente incinta, contro ogni pronostico possibile, credimi. I miracoli esistono e mia figlia ne è la prova. Non ti conosco ma da quello che avverto posso solo dirti che sei una donna fortissima e con un gran cuore. Ti stimo tanto.

Ciao Manila, ho letto la tua storia e volevo dirti di farti forza, perché anche io ho passato lo stesso dolore per due volte, ma all'improvviso, quando meno te lo aspetti, arriverà la tua gioia com'è stato per me quando è arrivata la nostra piccola Helena. Dai forza al tuo compagno, noi donne siamo forti. Pregherò per voi. La preghiera mi ha aiutato tanto.

Forza Manila, sono con te e ti auguro che presto possa darci la lieta notizia! Sono certa che il vostro bimbo arcobaleno sia già in viaggio.

Ciao Manila, oggi ascoltando te e il tuo compagno sono tornata indietro di sedici anni, quando anche io persi la mia bambina. Negli occhi di Lorenzo ho rivisto quelli di mio marito triste, abbattuto e deluso. Abbiamo passato dei giorni bruttissimi perché non riuscivo a capacitarmi fosse toccato a me. Volevo dirti che non ho mai smesso di crederci nonostante l'età e quanttordici anni fa è nata la mia bimba, dono di Dio. Manila non smettere mai di crederci, sei una donna fantastica e pronta ad accogliere una gioia.

Cara Manila, anche io come te ho perso un bimbo alla nona settimana. Una doccia fredda, incredula. Ero sola, forte, ma dentro di me qualcosa moriva. Un dolore che ancora oggi porto dentro. Mi hai emozionata. Dopo quella perdita ho avuto due bimbe e adesso in tutto ho tre femmine, che sono tutta la mia vita. Auguro a te e al tuo compagno, un uomo straordinario, di realizzare il vostro sogno perché siete bellissimi.

Siete bellissimi, vi ho seguito e mi avete emozionato. Se è destino arriverà un altro bebè, altrimenti avete comunque un amore mai visto così forte e vero.

Ho provato per ben due volte questo dolore e poi, a quarantadue anni, il sole. È nata Alice che ha ventidue anni, quindi non perdete la speranza.

Ciao Manila, con tutto il cuore vi auguro di coronare il vostro sogno di un bimbo. Sono certa che succederà perché l'amore prevale su tutto e in voi ho rivisto quello che vorrei per me, accanto a me, un uomo straordinario come Lorenzo.

Cara Manila, quando pensi che non accada più ecco che succede. Questa la mia storia e non ti dico la paura quando ho scoperto di essere incinta dopo il dolore che tu conosci benissimo. Ogni controllo era un'ansia incredibile e ogni volta pensavo che la ginecologa mi dicesse che la camera gestazionale era vuota oppure il battito non ci fosse. Invece tutto è andato diversamente e, mese dopo mese, vedo crescere quel topolino in pancia. Ora sono alla ventunesima settimana e un'altra piccola donna è dentro me. Noi donne siamo così fragili ma forti nello stesso momento. Mi hai toccato così profondamente. Questo argomento è così difficile da affrontare e se ne parla così tanto in maniera superficiale. Solo chi ci passa sa cosa si prova nel momento in cui si arriva alla data del parto. Siamo però solo noi a decidere come vivere questo dolore e come e quando superarlo. Posso solo dirti che ti sono vicina. Non ci sono persone della tv in questo caso, perché i sentimenti sono di tutti noi umani.

GRAZIE! *Per aver urlato al mondo il nostro dolore. Solo chi ci passa sa cosa vuol dire e io sono una di quelle che il dolore lo ha tenuto dentro. Solo in pochi lo sanno. Speriamo arrivi presto la nostra felicità perché noi lo meritiamo.*

Mi hai toccato profondamente sentendoti parlare di un argomento che fa ancora paura a tanti e spesso viene toccato in maniera superficiale anche con frasi tipo: «Tanto sei già mamma», oppure: «Ci puoi sempre riprovare!». Questo fa ancora più male.

Ciò che dice Lorenzo è esattamente ciò che diceva mio marito, e per lui è ancora argomento tabù. Io invece parlo spesso ai miei ragazzi di Asia, la mia bimba vissuta solo undici giorni, ma che è riuscita a cambiare per sempre la mia vita e grazie a lei ho imparato a vivere! In questo noi donne facciamo la differenza e so per certo che tu aiuterai il tuo Lorenzo a trovare la forza di riprovarci! Credo in voi!

Ti sto ascoltando e capisco ogni singola parola e mi ritrovo in te in tutto. Mai perdere la speranza soprattutto se si tratta di mettere al mondo una nuova vita per paura di soffrire. Sei una grande donna e sono certa che verrai premiata. Una cosa lessi e mi aiutò molto. Ossia che i nostri piccoli che perdiamo tornano da noi nell'arco di due anni.

Sono i bimbi arcobaleno e sono certa che per voi sarà così.

Aveva quattro mesi la bimba che ho perso in pancia. Si sarebbe dovuta chiamare Fabiana. Accettare questo dolore è stato faticoso, anche perché avevo scoperto di essere incinta dopo quattro anni di tentativi. Volevo scriverti da giorni. Ho pianto con te. Accettare che il cuoricino del tuo bimbo abbia smesso di battere è una cosa tremenda. E quel senso di vuoto dopo il raschiamento... io come te e come tantissime. Riprendere a riprovare dopo tante visite, accertamenti, diagnosi e stanchezza non è stato semplice. E la rassegnazione. Eppure, dopo due anni, ho scoperto di essere nuovamente incinta. Impossibile crederci e abbandonarsi al sogno eppure il dono di Dio è arrivato e ancora una volta femmina. Giorgia ha quattordici mesi. Mai arrendersi alla paura e alla rassegnazione.

Un nuovo presente

Eccomi qui con voi, dopo aver riavvolto il nastro più e più volte. Averlo fatto rappresenta una grande opportunità, non di raccontarmi, bensì di raccontarci. La mia vita racconta, magari con altre sfaccettature, la vita di tante altre donne non così diverse da me. Riguardo indietro e vedo quella bimba nata in una terra piena di sole crescere pensando che quel sole avrebbe fatto parte della sua vita per sempre, e pensando che quell'amore respirato in casa era qualcosa di ovvio e naturale. Che quell'amore poi una volta trovato sarebbe stato sempre con me. Sono diventata donna sotto le luci dei riflettori, senza rendermi conto effettivamente di cosa stava accadendo intorno a me e forse dentro di me. La vita ha scelto per me e nulla vale cercare di decidere quel che si vuole ottenere o raggiungere. La determinazione che mi appartiene, fortunatamente direi, mi ha permesso in realtà solo di non arrendermi o abbattermi, ma non ha mai deciso cosa far accadere. Tutte le volte che ho pensato fosse così, mi sbagliavo. Ho sbagliato più volte in amore, così come nelle mie relazioni sociali e nel lavoro, ma sbagliare è sinonimo di vita e opportunità.

Riguardando il passato, ricordo il 2009, anno in cui forse feci la scelta lavorativa più discutibile, ossia diventare una delle primedonne del celebre *Bagaglino* del Salone Margherita. Un'occasione molto importante per il mio lavoro, perché mi avrebbe regalato una vetrina unica. Accettai quel ruolo che, in realtà, desideravo tanto, senza rendermi conto che era anni luce lontano dal mio modo di essere donna e artista. Sognavo quel palco e quelle luci, così come quei costumi luminosi e preziosi, sin da piccola. Da sempre attratta da quelle donne protagoniste degli show televisivi di una televisione che forse non esisteva più. Ma quel ruolo non era per Manila, così orgogliosa del mio linguaggio, della mia testa e delle mie idee. Amo ridere e far ridere: l'autoironia è parte del mio modo di essere e amo ritrovarla con chiunque debba relazionarmi. Però su quel palco, tutto questo non solo non serviva ma non doveva mai assolutamente essere mostrato. Accecata dalla bellezza di quegli abiti e dal fascino di quel palco che aveva reso celebre tante donne, mi avventurai in quell'esperienza che mi lasciò l'amaro in bocca dal punto di vista professionale. Fui rimproverata un giorno dal nostro celebre regista, Ninni Pingitore, di aver fatto una battuta fuori copione, che fece anche molto ridere. Fui rimproverata perché la donna, su quel palco, non deve far ridere, deve solo far sognare. Sono grata a Ninni per avermi offerto un'occasione così importante per la mia carriera, ma avevo un'idea completamente del mio ruolo. Pensavo che sarebbe stato possibile portare il mio modo di essere ovunque e che questo sarebbe piaciuto e sarebbe stato accettato. Invece ho imparato sulla mia pelle che non tutto ciò che immaginiamo giusto per noi lo è anche per gli altri e, molto spesso, bisogna mollare un attimo per non vivere sempre nella competizione e nella rabbia. Il mio lavoro, che ha quasi sempre deciso in qualche modo i miei stati d'animo, è stato una sorta di ancora di salvataggio, da una parte, e motivo di infelicità, dall'altra. Ho sacrificato tanto della mia vita per questo lavoro che mi aveva scelto sin da piccola, quando nella mia cameretta della mia amata casa a Foggia, cantavo a squarciagola le canzoni di Madonna davanti allo specchio, sognando di essere una di quelle star che vedevo luccicare in TV. Un lavoro che sì mi ha scelto, ma che, allo stesso tempo, ho scelto come compagno di vita nei momenti più tristi e oscuri. Mi ha aiutato e, solo con il tempo, ho imparato a guidare e a non farmi guidare. "*Non si nasce imparati*" si dice e, nel mio caso, ancor di più, quando a soli venti anni vinci un titolo così "impegnativo" come quello di Miss Italia e dalla tua piccola e semplice realtà da cui arrivi, vieni catapultata in un mondo sconosciuto e immenso. Un mestiere che non ti viene insegnato ma che devi imparare sulla tua pelle. E non mi riferisco al saper recitare, presentare piuttosto che ballare. Mi riferisco al diventare donna semplicemente vivendo esperienze varie una dietro l'altra in un mondo lontanissimo dalla tua famiglia e dalla realtà in cui hai sempre vissuto. So bene che ciò accade a tutti, ma il mondo dello spettacolo è una sorta di ecosistema a parte e starci dentro si traduce nell'avere una determinazione fuori dal comune. Troppe porte chiuse in faccia anche immeritatamente eppure quella benedetta "*capatosta*" che mi accompagna dal 1999 non mi ha mai fatto pensare, neanche per un attimo, che avessi preso la decisione sbagliata lasciando i miei studi in Medicina per salire su quel treno ad altissima velocità che non ti comunica dove dovresti scendere o dove ti farà scendere.

Ma tra le mille e più strane esperienze che ho vissuto in questi ventidue anni, che ho raccontato fin qui, non posso non citare le grandi amicizie che questo pazzo lavoro che ho scelto mi ha permesso di intrecciare. La mia grande amicizia nata proprio sul palco del *Bagaglino* con Justine Mattera, donna incredibile, artista talentuosa e, non in ultimo, amica sincera ed estremamente generosa. In quell'occasione conobbi anche Silvia Burgio, con cui condivisi anche il camerino. Silvia era ai miei occhi una donna in tutto e per tutto, con un passato che raccontava forza e coraggio. Loro due sono state i regali più belli di quell'esperienza, il *Bagaglino*, che quindi, alla fine, mi ha dato tantissimo. Questo è accaduto tante volte nella mia vita: nonostante le difficoltà e le delusioni raccolte, come tutti e come tante, alla fine la vita mi ha sempre premiato o regalato qualcosa, anche se magari di estremamente diverso da ciò che immaginavo, speravo, sognavo. Ho imparato che bisogna accettare ciò che il destino ha disegnato per noi, perché magari non è detto che, siccome non è ciò che desideravamo, non è ciò che ci renderà felici. La mia storia personale racconta esattamente questo.

Queste pagine sono nate tutte di getto, come necessità, in principio, di rivivere gran parte della mia vita, che, a partire dal 1999, è volata o, meglio, sfrecciata ad alta velocità, senza avere forse reale consapevolezza di ciò che stava accadendo intorno a me. Facile dire, col senno del poi, che alcune cose non le avrei fatte o che ad alcuni uomini non avrei neanche permesso di mandarmi un messaggio, ma ciò che sono, ciò che siamo, è frutto della vita che viviamo, niente di più, niente di meno. Se il mio matrimonio non fosse finito, se non avessi sofferto e lottato per la mia felicità e per la serenità dei miei bimbi, forse non avrei avuto occhi sufficientemente aperti da notare la bellezza d'animo di Lorenzo, che mi ha regalato una nuova vita. Una nuova vita che ci ha portato un grande dolore, come la perdita del nostro bimbo, ma allo stesso tempo la consapevolezza che "in due è meglio", come mi ha sempre insegnato il mio amico Giovanni Terzi, a cui devo mille grazie per la vicinanza nei momenti bui. Per la prima volta, in queste pagine, mi sono regalata del tempo per me. Ho sorriso, ho pianto, ho scritto di getto e spesso mi sono bloccata a pensare se quello che stavo facendo fosse giusto e se il modo in cui lo stavo facendo fosse corretto. Ho sbagliato tante volte e sicuramente continuerò a sbagliare, ma l'ho sempre fatto con onestà e senza voler ferire nessuno, perché non mi appartiene. Se involontariamente non ho salutato Caterina Balivo in quel lontano 1999 è accaduto per mancanza di attenzione e non certo per cattiveria. Se ho risposto via social ad Adriana Volpe è perché ero fortemente ferita e in difficoltà personali e non certo perché volessi andare contro un'altra donna. Se ho allontanato mio marito dalle nostre vite è per salvarmi da un dolore indescrivibile e cercare di perdonarlo per averci lasciati soli. Ci sono riuscita col tempo e quando le ferite si sono rimarginate. Non so quanto dolore gli abbia provocato allontanandomi, perché non me lo ha mai detto e non ha mai fatto nulla per farmelo sapere. Ha accettato la fine del nostro matrimonio forse anche prima di me, ma gli devo dire grazie per avermi donato i figli migliori che potessi mai desiderare. Questo credo sia il motivo per cui ho imparato a volergli bene di nuovo.

Ho sbagliato tanto anche con Lorenzo, non permettendogli di entrare nelle nostre vite facilmente e in tempi brevi. Ma lui, che mi ha amata dal primo giorno, che mi ha guardata negli occhi incondizionatamente, è andato subito oltre ed è per me un essere speciale con cui condividere quel che resta della mia vita. A distanza di sei mesi dalla perdita del nostro bimbo, il nostro sogno di diventare genitori non si è ancora realizzato e chissà se mai accadrà. Ma raccontare mi ha aiutato a metabolizzare un dolore così intimo che sembrava peccato anche solo citarlo. E, invece, facendo così stava diventando un tabù, uno di quei tanti tabù che mi fanno così tanto incazzare. Uno di quei tabù che fanno incazzare tantissime donne. Ecco cosa mi ha guidato nella scrittura di queste pagine.

Ho iniziato a scrivere questo libro prima per me e poi per tutte le donne che nella mia storia hanno visto e rivissuto la loro storia. Perché avere coraggio, a volte, nel perdonare, nell'andare avanti, nel rimboccarsi le maniche, nel ricominciare a guardarsi attorno, nel ritornare a vivere e sorridere senza il peso dei dolori o del passato non è sempre così facile. E il fatto che non riusciamo a farlo in tempi brevi o negli stessi tempi degli altri non è né una colpa né un difetto. L'esperienza di *Temptation Island* mi ha regalato l'affetto e la stima di tante donne e anche per loro sono qui. Mi hanno conosciuto nella mia fragilità di donna e hanno apprezzato il fatto che non mi vergognassi a mostrarmi debole nel mio aspetto da *wonder woman*. In questo siamo davvero identiche: tutte apparentemente perfette, sorridenti senza alcuna cicatrice nell'anima. Invece, a tutte voi vorrei raccontare quanto sia liberatorio e leggero far vedere quelle cicatrici, raccontare quelle cicatrici. Le mie cicatrici, che sono anche fisiche, mi hanno permesso di essere quella che sono ora, magari piena di difetti e non più fisicamente impeccabile ma sapete cosa vi dico: chi se ne frega!!! Quello che vi voglio trasferire è che non è mai inadatto raccontare di aver sbagliato, di non essere perfette e di non riuscire a far qualcosa. Che possa essere perdonare, mantenere un lavoro, trovare un lavoro che ci stimoli, riuscire a portare avanti una relazione che agli occhi degli altri è quella giusta (ma in realtà è solo tossica) per noi, non riuscire a diventare madre o non voler diventare madre, così come la società da secoli insegna che sia il vero motivo di realizzazione per una donna. A tutte queste imposizioni o credenze dite NO, se non le volete. Sentitevi libere di amare chi volete, purché impariate ad amare prima voi stesse. Quando decisi di lasciare mio marito, fui ovviamente nel mirino di chi parla senza sapere e conoscere. Io sola conoscevo nell'intimità le motivazioni. Forse neanche mio marito. Fui accusata, nel 2016, di aver preferito il mondo dello spettacolo alla famiglia, fui accusata di chissà quanti amanti e vizi. Non fu facile per me e non lo sarebbe per nessuna donna mandare all'aria un matrimonio così impegnativo che univa in qualche modo due famiglie del Sud, ma l'amor proprio che provavo verso me stessa, che i miei genitori mi hanno insegnato, era più forte di qualsiasi attacco o critica. Ho scelto la libertà e la verità. Ho scelto di affrontare la difficoltà del momento in cambio di una vita felice, perché la felicità, amiche mie, noi donne dobbiamo sudarcela più degli uomini, e se una donna compie gesti tipicamente maschili ecco che viene inondata di critiche. È vero che si dice che non sia più così, ma la verità vissuta sulla mia pelle di donna del Sud è che sono stata giudicata per aver distrutto la mia famiglia. Invece io l'ho salvata e ho lavorato duro per far crescere sereni i miei figli. Non credete che far parte del mondo dello spettacolo ci salvi da tutto questo. Quello che ho vissuto io lo hanno vissuto in tantissime, solo che io ho la possibilità di raccontarlo e allora ho deciso di farlo per incoraggiare tante di voi a scegliere la libertà e mai la falsità di rapporti insani. Di scegliere l'amore alla comodità, perché quest'ultima, prima o poi, si trasformerà in una prigione. Circondatevi di amici veri, non ne servono tanti, ma quelli giusti che possano vedere cose che noi non vediamo quando abbiamo il cuore stanco. La famiglia per me è stata la colonna più imponente alla quale aggrapparmi e mi rendo conto che se manca questa le cose sono decisamente più difficili da affrontare. Eppure non esiste ragione per accettare l'infelicità, perché la vita se la ami e la scegli ti premia sempre.

L'amor proprio, così come l'energia che ognuno di noi deve impiegare per raggiungere un equilibrio e la serenità, sono un percorso per tutti, anche per chi pensate sia una persona di successo e soddisfatta. Non esiste un vero successo senza impegno e determinazione. Non esiste felicità senza una personale soddisfazione, che possa essere la carriera o la maternità, l'importante è essere sinceri con sé stessi, prima di tutto, ma anche con chi abbiamo accanto. Ho imparato sulla mia pelle che nascondere il proprio stato d'animo a chi ci sta accanto (amici, familiari o partner) non porta a nulla, ma solo incomprensioni e ferite. Non so se cambiando questo lato del mio carattere la mia storia sarebbe stata diversa, ma con i *se* e con i *ma* non si scrive la storia. La storia si vive. Punto. E allora, senza alcun tipo di rimpianto e senza mai guardare indietro, ci resta da fare la cosa più bella che possiamo: amare.

Mai avrei immaginato che scrivere queste pagine per far sentire la mia vicinanza a tutte quelle donne e ragazze che, incondizionatamente, si sono fidate di me, raccontandomi la loro storia, il loro dolore così come le loro preoccupazioni, sarebbe stato per me il percorso più bello mai vissuto. Mi sono aperta, mi sono raccontata nell'intimo senza vergogna, ma con tanto pudore e rispetto per chi è stato protagonista della mia vita. Ho pianto tirando fuori dalla memoria ricordi toccanti della mia vita. Ho pianto trascrivendo, una per una, le lettere e i messaggi che mi avete inviato per condividere e consolarmi dello stesso dolore che abbiamo vissuto. Queste pagine le ho scritte anche per tutti i nostri bimbi mai nati e tutti i dolcissimi bimbi arcobaleno che nel frattempo sono arrivati ad allietare le vite di tante di voi. Potrei raccogliere tantissime foto e storie di bimbi nati durante questi lunghi sei mesi, in cui ho iniziato a scrivere questo libro per curare la mia ferita che sarà sempre parte di me, ma a cui ora penso col sorriso perché, dopotutto, qualcosa di bello me lo ha insegnato: la condivisione, fare rete, moltiplica l'amore e dona speranza a chi pensa di averla persa completamente. Questo spero faccia sentire meno sole tante di voi, che ogni giorno pensano, disperandosi: «Perché proprio a me?!». Non è proprio così: succede a me, a te, a loro, a noi!

Riguardo il passato, rileggo queste pagine e ora sorrido. Vorrei ringraziarvi una per una per il regalo immenso che mi avete fatto: il coraggio. Proprio così, il coraggio di scrivere e raccontarmi. Ma anche raccontarci.

La mia storia inizia con un sogno che si realizza, la corona di Miss Italia, e prosegue ancora oggi con mille sogni, perché non bisogna mai smettere di sognare. Sognare ci dona la linfa di cui cibarsi nei momenti di sconforto e, spesso, accade anche che si avverino. Non concediamo mai la vittoria alla tristezza e allo sconforto. Noi donne siamo esseri superiori. Possiamo far scatenare guerre e sancire la pace. Dobbiamo solo assumere consapevolezza della nostra forza e unirci. Credo fermamente nella solidarietà femminile e nel cuore delle donne. Ho sotterrato l'ascia di guerra già da un po' e mi sento leggera. Non ho nemici perché non vedo più nemici ed è una sensazione meravigliosa. Fatelo anche voi, quando sarete pronte, e da quel momento cominceranno ad arrivare le cose più belle.

Sono qui nel giardino della casa di Lorenzo in Toscana. Quante volte sono scappata da tutto senza un motivo reale. Mi guardo attorno e vedo la luce del sole che passa attraverso gli alberi, l'aria pura di collina, i profumi di una nuova primavera, il canto degli uccellini, le risate dei miei bimbi, che giocano sereni con il nostro tenero cagnolone Thor. E poi vedo Lorenzo, che, con tanto amore, si prende cura delle rose che ha piantato per me. Perché lui si prende cura di tutto ciò che riguarda me.

Cosa ci riserva la vita da oggi in poi non lo possiamo sapere. Ma se ci mettiamo bontà in tutto ciò che arriverà riusciremo ad essere felici.

Questo è il finale che sognavo. Guardo più in là e scorgo un arcobaleno. Mi guardo attorno e capisco che ancora una volta devo essere grata alla vita.

RINGRAZIAMENTI

Ai miei genitori, che mi hanno insegnato il senso dell'amor proprio, a cui devo tutto e ai miei figli, Francesco Pio e Nicolas, essenza della mia anima e motivo di forza e resilienza.

A Lorenzo che mi ha regalato l'amore per cui vale la pena aspettare.

Alle mie migliori amiche, Elisa e Manuela, per avermi sempre sorretto e ascoltato.

A Marco Scorza per aver scelto di vestirmi di luce e colori sui palchi, in TV e nei momenti bui.

A Marco e Giacomo per le risate condivise quando attorno a me c'era solo il silenzio.

A tutti gli amici che mi hanno sempre porto la loro mano.

Alla Fondazione Umberto Veronesi ed Elisa Invernizzi per avermi donato il modo per rendere riconoscenza alla vita.

A Miss Italia per avermi regalato un sogno.

A tutti i colleghi, i registi, gli autori, i truccatori e i parrucchieri incrociati finora a cui ho rubato ogni volta un pezzo della loro arte.

A tutti i fotografi, in particolare Sara Galimberti e Gianni Brucculeri, che sono riusciti a ritrarre la mia anima.

Un ringraziamento speciale va a Tommaso Martinelli, Sacha Lunatici e Francesca Scognamiglio Petino per avermi trascinata in questa folle e sconosciuta avventura diventata, poi, il viaggio più bello della mia vita.

Last but not least, GRAZIE a Rosario Bianco, il mio editore, che ha accolto con entusiasmo l'idea del mio libro e ha reso l'idea realtà.

Finito di stampare
nel mese di agosto 2021
per conto di Rogiosi editore

www.rogiosi.it

Finito di stampare
nel mese di agosto 2021
per conto di Rogiosi editore

www.rogiosi.it